拜占庭

複雜迷人的基督教千年帝國

A Very Short Introduction

Byzantium

PETER SARRIS

彼得・薩里斯
著

陳錦慧
譯

以愛獻給T.F.S.

目錄

序言……4
第一章　何謂拜占庭？……7
第二章　統治之城君士坦丁堡……39
第三章　從古典時代到中世紀……73
第四章　拜占庭與伊斯蘭……105
第五章　生存策略……127
第六章　文本、圖像、空間與精神……151
第七章　帝國的滅亡……183
參考文獻……205
延伸閱讀……217

序言

本書是我在擔任華盛頓特區敦巴頓橡樹園研究圖書館（Dumbarton Oaks Research Library）夏季研究員期間完成，那段時間我也在研究查士丁尼的「新律」[1]。我要感謝該館瑪格麗特・穆勒特（Margaret Mullett）一如既往地殷勤接待，以及黛博・史都華（Deb Stewart）與其他館員的熱心協助。我也要謝謝哈佛大學董事會給我這次研究機會，並感謝牛津大學出版社珍妮・努基（Jenny Nugee）對我的包容。

本書初稿得到特洛・史東（Turlough Stone）的提點，我衷心感激。我對拜占庭的認識，當然要感謝哈佛大學教導我拜占庭研究的師長，特別是詹姆斯・霍華強森（James Howard-Johnston）、西里爾・曼戈（Cyril Mango）和瑪麗亞・

孟德爾・曼戈（Marlia Mundell Mango）。令我受益的還有朋友與同事的著作，比如馬克・惠托（Mark Whittow）、凱薩琳・霍姆斯（Catherine Holmes）、彼得・梵科潘（Peter Frankopan）與泰瑞莎・蕭克羅斯（Teresa Shawcross）。

本書用了不少篇幅敘述戰爭，討論戰爭對拜占庭政治與文化的影響。拜占庭畢竟是個帝國，以刀劍生，終究亡於刀劍。相較於經濟結構，本書對菁英階層的文化似乎著墨更多，對帝王政策的關注度，也似乎高於農民的生活。但這不是因為我認為那些議題不重要，而是因為我在其他著作已經詳盡討論過。

1 指《查士丁尼新律》（Novellae Constitutiones Justiniani），是查士丁尼死後法學家整理他在位時頒布的新敕令編纂而成。本書註釋皆為譯註。

第一章

何謂拜占庭？

有機體各部位同聲高歌，
齊聚拜占庭的各族語言，
重新回到拜占庭詠唱，
王座之聲在街頭迴盪。

——查爾斯．威廉斯（Charles Williams）：帝國的幻影[1]

信仰、理性與帝國

在當今我們這個世界，各種宗教基本教義派盛行。十八世紀啟蒙運動（Enlightenmen）[2]在知性與文化上的重大成就，是「理性凌駕信仰」。但在目前的環境下，這個概念已經漸漸受到質疑與公開挑戰。某些基本教義派的擁護者甚至排斥現代科學與技術的成果，認為科技會腐化人心。於是，耶路撒冷古城的牆壁張貼著希伯來文海報，譴責使用網際網路或智慧型手機的人。然而，也有許多人抓住科技（特別是現代通訊技術）帶來的機會，全力宣揚他們的理念、爭取他們的訴求，其中尤以伊斯蘭基本教義派為最。科技因此成為工具，為這些人認定的「真實信仰」服務。

如果以俗世觀點看待這個世界，可能會覺得這種態度自相矛盾。然而，某種意義上，啟蒙運動造成理性與信仰兩相對立，才是歷史的反常。最能清楚演示這點的，莫過於在君士坦丁堡（Constantinople）這座輝煌城市統治千餘年的基督教帝國的歷史。這個基督教帝國，就是我們所知的拜占庭（Byzantium）。

---

1 查爾斯·威廉斯（1886–1945），英國作家、神學家兼文學評論家。此處詩句摘自他的詩〈帝國的幻影〉（The Vision of Empire），收錄在他一九三八年出版的詩集 Taliessin Through Logres。

2 十七、十八世紀發生在歐洲的文化運動，推崇科學與理性，質疑宗教與傳統，開啟現代文化的思潮。

以統治者的意識形態與政治宣傳而言，拜占庭本質上不只是一個由神派駐人間的帝王統御管轄的基督教國度。很多人相信，神對世人的神聖分賜（divine dispensation）[3]，是以拜占庭帝國為核心。從神祕主義的角度來看，這個人間帝國以君士坦丁堡為中心向外擴展，跟基督的天國交融、同化，合為一體。

這麼說來，以中心思想而言，拜占庭是個比周遭任何社會、王國或帝國更透徹的基督教國度。有人說，天國與人間在拜占庭合而為一。然而，拜占庭卻也是中世紀早期歐亞大陸西部科技最先進的政權，擁有足以嚇阻穆斯林入侵者的祕密武器「希臘火」（Greek fire，可能是以石油為基礎的混合物，利用虹吸作用噴射出去，燒毀敵人的船艦和士兵）。另外，拜占庭首都的公共場所和帝王所在的皇宮擺設許多大型機械裝置，也震懾了來自西方拉丁世界的訪客。

當然，正因為拜占庭披著濃厚的宗教色彩，啟蒙時代的作家和思想家才會對它不屑一顧。也因為這些人的無視，各級學校的歷史課程嚴重忽略拜占庭，直到不久之前才扭轉。

愛德華．吉朋（Edward Gibbon）的《羅馬帝國衰亡史》（*Decline and Fall of the Roman Empire*）[4]在英語世界知識分子心中留下濃重的一筆，他認為拜占庭歷史是「一段講述衰敗與苦難的故事，千篇一律冗長乏味。」他說，「我們勤於在王座上、軍營中與學校裡尋找值得傳誦的姓名與事蹟，卻是徒勞無功。」伏爾泰（Voltaire）[5]表示，拜占庭歷史是「一系列無用的演說與奇蹟……是人類心靈的恥辱。」另一位法國思想家孟德斯鳩（Montesquieu）[6]也有同感，他說拜占庭錯綜複雜的政治「不過是一連串叛亂、暴動與變節。」

如今我們用 byzantine 這個字來指稱積弊已久的複雜官僚體系、沒完沒了的

3 基督教概念，大意是神為了完成祂的定旨，將自己分賜到祂揀選的子民身上，藉此得到身體來彰顯基督。

4 英國歷史學家愛德華．吉朋（1737–1794）撰寫的史書，闡述羅馬帝國千餘年歷史，全書共分六卷，歷時十餘年完成。

5 伏爾泰（1694–1778），啟蒙時代的法國思想家，也是啟蒙運動的領導者。

6 孟德斯鳩（1689–1755），啟蒙時代的法國思想家，是西方法學的奠基者。

陰謀詭計與普遍的貪污腐敗，首開先例的便是孟德斯鳩。德國辯證大師黑格爾（Georg Wilhelm Friedrich Hegel）[7]同樣不以為然，他提醒讀者，拜占庭的歷史「普遍呈現令人作嘔的弱智傾向，卑劣乃至瘋狂的激情扼殺了思想、行為與個人的崇高面向。」政治暴虐無道，信仰高度虔誠，神聖拜占庭因此被視為一座知性與靈魂的囚牢。於是，拜占庭在知性與科學上的成就被漠視了。另外也很少人注意到，拜占庭的宗教文化其實比官方思想體系認可的更為豐富多元。

十九、二十世紀浪漫主義作家與神祕主義詩人（比如葉慈〔William Butler Yeats〕[8]與查爾斯．威廉斯等）之所以受拜占庭文化吸引，正是因為在世人心目中，拜占庭輕忽理性，並且隨同至高無上者昇華。英國作家華特．司各特爵士（Sir Walter Scott）[9]沒有寫完他那本以十字軍東征為背景的拜占庭小說《巴黎的賀貝伯爵》（*Count Robert of Paris*），或許是一樁幸事。那是司各特最浮誇的作品，不過，我們必須承認，他是在別人的誘導下寫這本書。

在接下來的篇幅裡我們會看到，拜占庭文化與社會的複雜程度，都超過啟蒙時代的評論家或浪漫派擁護者的認知。但也正因為它的複雜，才如此令人著迷。拜占庭是個基督教社會，那裡的修士、神職人員與俗世信徒致力保存古希臘和異教的哲學、文學與知性成就。因此，那裡總會有某些人因為閱讀的關係，喜歡古希臘吟遊詩人荷馬勝於耶穌基督，或喜歡古希臘哲學家柏拉圖勝過基督教使徒聖保羅。

拜占庭文化偏向守舊，卻又因為境內百姓來自許多不同種族，不可避免地產生無數文學、藝術與建築上的全新風格與形式。拜占庭這個世界強權與伊斯蘭衝突長達數百年，卻學會務實又巧妙地與鄰國相處，不像許多拉丁與西方世界對待東方的伊斯蘭那般，將「異於我者」妖魔化。另外，西元五世紀羅馬帝國失去對

7 黑格爾（1770–1831），德國哲學家，十九世紀唯心論哲學代表人物。
8 葉慈（1865–1939），愛爾蘭浪漫主義詩人，一九二三年諾貝爾文學獎得主。
9 華特・司各特爵士（1771–1832），蘇格蘭著名歷史學家兼作家，是浪漫主義代表人物，也是歷史小說的創始人。

西歐的掌控之後，古典時代[10]成熟的經濟制度，大多也是靠拜占庭這個經濟體，才能保留數百年之久。

最重要的是，沒有任何現代國家或政體能夠宣稱自己單獨承襲拜占庭文明，更沒有任何民族可以聲稱獨有它的遺產。包括希臘人和土耳其人，包括俄羅斯人和塞爾維亞人，更包括亞美尼亞人、喬治亞人、敘利亞人及其他種族，都能以不同方式、在不同程度上自稱是拜占庭帝國的後裔，或擁有它的部分傳承。

為什麼是「拜占庭」？

前文提到拜占庭帝國，用了「這個基督教帝國，就是我們所知的拜占庭」這樣的語句，這是因為居住在帝國境內的人，幾乎都不以「拜占庭人」（Byzantine）自居。Byzantinos 是形容詞，有時用來指稱來自君士坦丁堡的人。

君士坦丁堡這座城市的希臘文舊名是Byzantion，到了西元三二五年，君士坦丁大帝（Emperor Constantine）以自己的名字重新為這座城市命名，稱之為「新羅馬君士坦丁堡」（Konstantinoupolis Nea Romê）。

然而，就連「拜占庭」這個詞的使用，主要也是文學上的矯飾。最早借用「拜占庭」這個詞的，是十六世紀德國古典學者赫羅尼姆斯．沃爾夫（Hieronymus Wolf, 1516–80），他用這個詞來指稱以希臘文描寫帝國事務的作家。到了十七世紀，法國國王路易十三世和路易十四世的宮廷贊助出版一系列「拜占庭」希臘文著作，延續了這種用法。自此之後這個詞就固定下來了，只不過，部分現代拜占庭學者還是偏好稱呼這個帝國與它的文明為「東羅馬」。

他們的理由很充分，因為所有「拜占庭」帝王和他們的許多子民都自認是羅

10 傳統上將歐洲歷史劃分為三大階段，一是古典時代（antiquity），大約從西元前七、八世紀古希臘黑暗時代起，到六世紀基督教出現、羅馬帝國衰落為止。二是中世紀（medieval），從六世紀到一四五三年羅馬帝國滅亡為止。三是近現代（modern age），指中世紀之後的歷史時期，是近代與現代的合稱，二者之間沒有明確界線。

馬人，而他們所在的帝國則是奧古斯都（Augustus）[11]與馬可・奧理略（Marcus Aurelius）[12]的羅馬帝國的延續。拜占庭不是羅馬的「後繼者」，它本身就是羅馬。他們以希臘語的「Rhomaioi」自稱，意思正是「羅馬人」。正如現代土耳其人稱呼某些使用希臘語的基督徒為羅馬人，而非希臘人，比如定居塞普勒斯（Cyprus）的希臘人和伊斯坦堡僅存的希臘人。在那些希臘人心目中，他們跟李維（Titus Livius）[13]和西塞羅（Marcus Tullius Cicero）[14]一樣，都是純正的羅馬人。為了探討原因，我們必須回顧三、四世紀幾乎撕裂羅馬世界的一連串權力傾軋，尤其必須探究君士坦丁大帝和他的王朝。

從戴克里先到君士坦丁

到了三世紀初，羅馬帝國版圖已經從羅馬城向外擴張，涵蓋廣大的領土與不同種族的百姓，西到不列顛、東到敘利亞，北到多瑙河（River Danube）、南到遙遠的上埃及（Upper Egypt）[15]與阿特拉斯山脈（Atlas Mountains）[16]（見地圖1）。羅馬人的這份成就，來自輝煌的戰績與靈活的外交手段，再來就是培植並調停他們意圖掌控的地區當權者的野心與期待。那些當權者如果願意跟羅馬帝國配合，認同羅馬帝國的價值觀與文化，就能獲得地位、榮耀與高貴身分，並且接受委任，擔負起他們所在區域的治理與行政工作。

羅馬帝國煞費苦心創建的國度基本上以城市為單位，換句話說，被納入帝國版圖的地方權貴都居住在核心城市，這些城市稱為「城邦」，拉丁語是

11 奧古斯都（63BC–14），本名蓋烏斯・屋大維（Gaius Octavius），為羅馬帝國開國君主。奧古斯都是他的封號，意為「神聖」。

12 馬可・奧理略（121–180），羅馬帝國五賢帝的最後一位，有哲學家皇帝之稱，著有《沉思錄》（*Meditations*）。

13 李維（59 BC–17），古羅馬歷史學家，最知名的著作是《羅馬史》（*Ab urbe condita*）。

14 西塞羅（106 BC–43 BC），古羅馬哲學家，也是古羅馬最有影響力的演說家兼作家。

15 史前時期的埃及大致分屬兩個政權，南部的尼羅河上游為上埃及，北部的尼羅河下游為下埃及。

16 位於非洲西北部，介於地中海與撒哈拉沙漠之間。

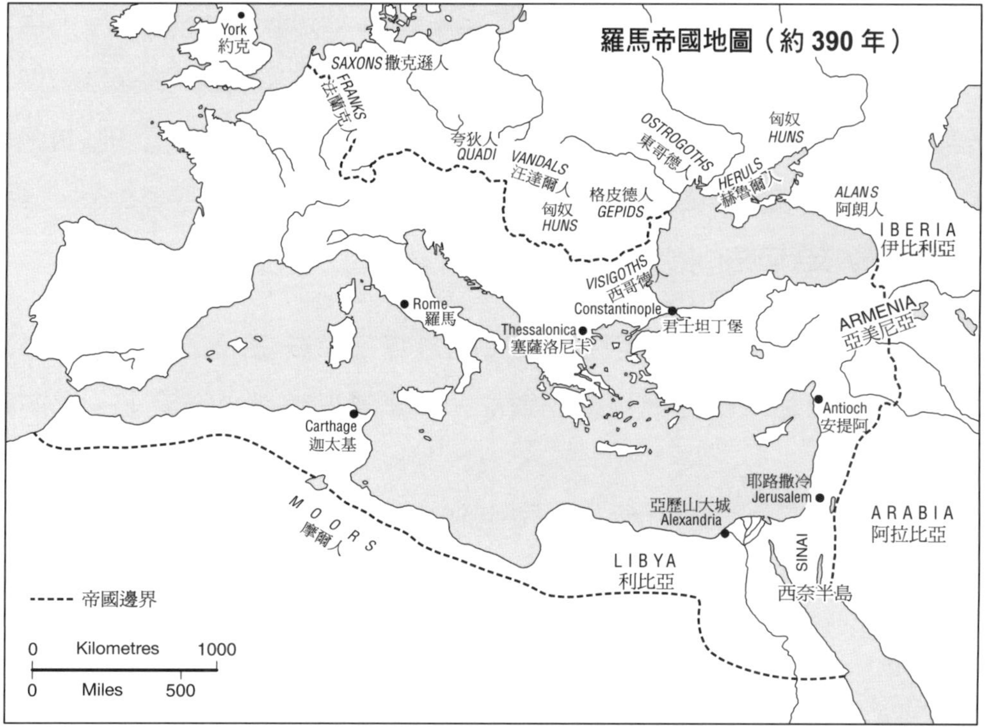

地圖 1 羅馬帝國（約 390 年）。（原圖見《牛津拜占庭歷史》〔*The Oxford History of Byzantium*〕，西里爾・曼戈〔Cyril Mango〕編。牛津大學出版社授權重繪）

civitates，希臘語則是 poleis。這些城邦設有參議會，也就是拉丁語的 curiae，或希臘語的 boulai。皇帝主要透過這些參議會統治帝國，他的旨意由帝國指派的總督傳達給參議會成員，總督再將各省現況回報給羅馬的皇帝與元老院。這樣一個權力下放的制度，有利於皇帝統治帝國的偌大領土。不過，帝國的最高行政機關仍然集中在羅馬城，掌握在更為保守、以義大利人為主的元老體系手中。

到了三世紀中葉，這個制度面臨重大壓力。羅馬在經濟和政治上跟北方萊茵河與多瑙河另一邊各個蠻族多有接觸，逐漸打破那些蠻族原本相對均衡的社會結構，於是蠻族之間出現越來越強大的部族與聯盟，更有能力挑戰羅馬帝國對邊境的掌控。

另外，二世紀末羅馬帝國向東擴張，侵犯了波斯人的領域。羅馬人的勝利直接導致當時波斯統治者安息王朝（Arsacid dynasty）[17] 的衰弱，波斯境內各方勢

17 古典時代統治古波斯地區的王朝，全盛時期疆域西達小亞細亞東南的幼發拉底河，東達中亞的阿姆河（Amu River）。

力開始爭奪統治權，最後薩珊王朝（Sasanian dynasty）取代安息王朝，成為波斯世界的統治者。

二二六年九月，薩珊王朝第一任君王阿爾達什（Ardashir）在首都泰西封（Ctesiphon）的皇宮即位，不久後就向羅馬人發動一系列攻擊，既為累積聲望，也為團結波斯境內的貴族。他的兒子沙普爾一世（Shapur I）繼位後承襲他的攻擊策略，在二六〇年大膽進犯敘利亞北部，攻占安提阿（Antioch），擄獲並折辱羅馬皇帝瓦勒良（Valerian）。

這波危機啟動了帝國的社會改革。在此之前皇帝由羅馬的元老院推舉，自此之後推舉權慢慢轉移到軍方。想當然耳，軍方開始推舉自己人，於是出現多位平民出身的軍人帝王。這些人絕對信奉帝國的意識形態，卻無法忍受打敗仗。到了二八四年，戴克里先（Diocletian）將這種現象推向最高點，他擊敗競爭對手登上帝位，而後發動一系列戰爭，征服國內外的敵人。

戴克里先恢復了帝國的和平，趁機推動各種行政改革。他推出一項權力共享的新制度，將統治權分配出去，就近震懾可能的軍事威脅。這套制度最後衍化為所謂的「四帝共治」（Tetrarchy），帝國由兩名皇帝（頭銜「奧古斯都」）共同治理，一人面對東方的敵人，另一人則對抗西方的敵人。兩名皇帝各有一名副帝（頭銜「凱撒」）輔佐。東西方的最高統治者分別坐鎮在鄰近帝國邊境的首都，比如西方的特里爾（Trier）與東方的安提阿。

在此同時，帝國的行政與財政制度也重新調整，加強對各行省內政的掌控。各行省的軍政與民政分離，軍隊規模擴大，行省面積縮小，數量增加，方便帝國監督各城市的參議會。

隨著軍隊的擴編與帝國官僚體系的拓展，帝國直接任用的高級軍官與文官人數增加一倍有餘，這些高官多半是地方參議會的重要人物。除此之外，元老院的席位也漸漸對他們開放。

一批派得上用場的帝國新貴於是產生，開始支配帝國政治。重點是，羅馬帝國這番權力重組，導致帝國的權力與影響力移向以希臘語為主的東方各行省，地位較高的東帝最終也坐鎮在這裡，以便密切留意羅馬帝國超級強敵的動靜，那就是越來越好戰的波斯帝國。

這個事實對羅馬帝國的政治文化會有越來越顯著的影響，更會影響到帝王與他們周遭的人的行為舉止。早期的羅馬一直是共和政體，理論上由元老院和羅馬人民共治。到了西元前三十一年，凱撒大帝（Julius Caesar）[18]的養子屋大維（Octavian）打敗對手馬克．安東尼（Mark Antony）[19]登上帝位，這種政治體制才發生變化。

屋大維是第一個以帝王自稱的羅馬統治者，元老院給他「奧古斯都」（Augustus）稱號，意思是「至尊」或「超凡入聖」。掌握無上權力的屋大維是帝國實質上的封建君王，卻保留了共和體制，將帝國執政機關塑造成多個共和機構的混合體，他本人則以羅馬共和國的首席執政官自居。當時帝國以拉丁語為主的西方各省多半學習並吸收羅馬的政治文化，那裡的權貴認識到的，便是帝國權力機構中的共和體制。

相較之下，以希臘語為主的東方各省則有截然不同的政治文化。除了希臘之外，這些地區都曾經被波斯和埃及的強大王朝統治過，那些王朝的君王被奉為神明，因此，百姓在他們眼中幾乎等同於俗話所說（或實際上）的奴隸。西元前四世紀馬其頓王國的亞歷山大大帝（Alexander the Great of Macedon）[20]戰無不克，以天人之姿征服這些地區，理所當然地被奉為神明，這些地區因此保留這種深刻的神格君王文化。

18 凱撒大帝（100 BC–44 BC），羅馬共和國末期的軍事統帥兼獨裁官，是羅馬從共和國邁向帝國的關鍵人物。

19 馬克．安東尼，凱撒大帝麾下的指揮官。凱撒死後，馬克．安東尼、屋大維與雷比達（Lepidus）瓜分羅馬共和國各據一方，西元前三十六年雷比達被驅逐，西元前三十三年安東尼與屋大維決裂，最後兵敗自殺。

20 古希臘馬其頓王國君主，二十歲登基後開始南征北討，三十歲就建立當時疆域最大的國家，被認為是史上最偉大的軍事家。

亞歷山大和他的後代雖然成功地同化埃及、敘利亞與巴勒斯坦的地方權貴，向他們灌輸希臘的語言和知性文化，但為了符合地方上的期待，馬其頓君王承襲的統治模式不可避免地調整。隨著羅馬的勢力向東拓展，羅馬人也接收到這種將君王神格化的政治傳統。

舉例來說，在小亞細亞大城厄弗所（Ephesus）不難看到紀念歷代帝王的銘文，其中拉丁語的銘文尊稱他們為大祭司（共和政體頭銜，指古羅馬祭司團的最高祭司），而希臘文的銘文則說他們是autokrator，意為獨一無二的統治者。東方其他地區則稱呼皇帝為「世界領袖」（kosmokrator），生而自由的羅馬子民則是他的「奴隸」（douloi）。

羅馬東方各省的政治文化自然而然向西方擴散，但四帝共治的制度，以及戴克里先選擇駐守東方的決定，進一步強化這種影響。因為這麼一來，地位較高的東方正帝執政的地方，神格化君王傳統最為牢固，而他為了施展自己的權力，就必須將自己神格化。

與戴克里先年代相近的羅馬歷史學家奧勒留・維克多（Aurelius Victor）寫道：

他是個偉大人物，卻有某些癖性，比如他率先要求以黃金打造衣袍，還要以紫色絲綢製作涼鞋，飾以寶石。這種行為雖然有失謙遜，暴露驕傲自大的性格，但跟其他事情比較起來，卻是微不足道。他是繼卡利古拉（Caligula）[21]和圖密善（Domitian）[22]之後，第一個讓人公開稱呼他「主上」（拉丁語 dominus）的皇帝，並且接受敬拜，讓人奉他為神明。

21 卡利古拉（12–41），羅馬帝國早期的暴君，好大喜功橫徵暴斂，以恐怖手段統治，將皇權神化，在位不到五年即遭刺殺。

22 圖密善（51–96），在位時採行高壓手段迫害元老，因為多疑殘殺親族，最後遭到皇室成員密謀殺害。

隨著皇帝日漸被描繪為神在人間的代表，帝國統治機關於是走向軍事化與高度儀式化。特別是戴克里先，他聲稱自己的權力來自羅馬萬神廟裡的諸神之父朱比特（Jupite）[23]，還說朱比特是他的神界同伴。

西元三〇五年，年老的戴克里先做了一件以羅馬皇帝而言相當特別的事：跟西方正帝馬克西米安（Maximian）一起退休。接任東方正帝的是他的副帝蓋勒流斯（Galerius），西方正帝同樣由副帝君士坦修斯（Constantius）繼位。三〇六年君士坦修斯前往不列顛行省巡視紛擾不斷的北方邊境，在約克崩逝。駐紮在不列顛的軍團拒絕追隨由副帝升任正帝的塞維魯斯（Severus），轉而支持君士坦修斯的兒子君士坦丁（圖1）。

新一波內戰與爭鬥於焉展開，不同派系與軍團各自支持自己屬意的正帝人選。不過，君士坦丁將競爭對手一個個擊敗。西元三一二年，他在米爾維亞橋之役（Milvian Bridge）打敗馬克西米安的兒子馬克森修斯（Maxentius），順利攻占羅馬城，奪下西帝寶座。到了三二三年，他揮軍向東，迎向他最後一個敵人，東帝黎西紐斯（Licinius），他先在陸地上取得勝利，次年又在古希臘的拜占庭打贏一場海戰：拜占庭這座城就建在聯繫歐洲與亞洲的博斯普魯斯海峽（Bosphorus）上。

我們已經知道，他為了慶祝自己的勝利，次年將拜占庭更名為新羅馬君士坦丁堡。君士坦丁成了整個羅馬世界唯一的主宰，在他的新城市統治這個國家。

新信仰

戴克里先信奉眾神之父朱比特，由此可知他的信仰態度偏向保守。他在位期間也曾迫害他認定的異教信徒，因為他認為帝國有這些人存在，會招致諸神的不滿。在各種異教之中，最令他反感的是基督徒。這些人信奉的宗教與帝國猶太子

23 古羅馬神話裡的眾神之王，對應古希臘神話中的宙斯（Zeus）。

圖 1　君士坦丁大理石頭像，目前收藏在羅馬市卡比托利歐博物館（Capitoline museum）。（Superstock/Glowimages.com）

民的古老信仰一脈相傳，從中演變而來。

基督徒信奉他們心目中唯一的「真」神，聲稱神的兒子降世為人，成為巴勒斯坦的傳教士耶穌基督（基督的希臘語是Christos，意為受膏者）。在羅馬皇帝提比留斯（Tiberius）時期，耶穌被羅馬官方處死。當時羅馬帝國的子民依規定必須向帝國信奉的神祇獻祭，基督徒跟猶太教徒一樣拒絕聽從。

在重視傳統的羅馬人眼中，猶太人的行為情有可原，畢竟猶太人祖傳的信仰禁止崇拜偶像，而猶太教是非常古老的信仰，所以他們拒絕獻祭是為了維護祖先的傳統。在守舊派羅馬人看來，這種行為基本上是一種美德。但基督徒情況不一樣，因為他們信仰的是新宗教。很多羅馬人認為，所謂「新宗教」是一種矛盾：本質上，信仰必須夠古老，才能成為真正的宗教。

因此我們不難想像，這些羅馬人聽見新任皇帝君士坦丁說他之所以在三一二年的米爾維亞橋之役取得重大勝利，是因為他也虔誠信奉基督教的神，想必震驚不已。後來君士坦丁進一步解釋，他會皈依基督教，是因為他在天空中看見神聖的十字符號。他進入羅馬城以後，拒絕跟歷任皇帝一樣在朱比特神廟的祭壇獻祭。相反地，從三一二年開始，他公開支持基督教會，對教會和神職人員的賞賜越來越慷慨。

很多人認為君士坦丁皈依基督教的行為突兀又難以理解，勢必無情地改變人類歷史的軌跡。然而，從某些角度看來，君士坦丁改信基督教，或許並沒有嚴重背離許多三世紀羅馬皇帝的宗教觀。

我們從戴克里先身上已經看到，三世紀的羅馬皇帝經常刻意跟某個特定的守護神或教派建立連結，藉此汲取力量。傳統羅馬人是多神信仰，亦即他們相信世上有許多神祇，羅馬的帝王因此有眾多潛在守護神可供選擇。

然而，到了二、三世紀，不但基督教漸漸盛行，也出現各種形式的「單一主神信仰」。基督教跟猶太教一樣，主張「一神論」，亦即相信世上只有一個神。

而單一主神信仰則相信世上有許多神祇，但人只能信奉一位至高的神。單一主神信仰在軍方似乎特別受歡迎，而且通常崇拜跟太陽有關的神祇，比如密特拉（Mithras）[24]或不敗的太陽神（Sol Invictus）[25]。

由於三世紀軍人取得政權，各種信奉太陽的單一主神信仰在羅馬帝國的宗教舞台越來越重要，也越來越活躍。比方說，戴克里先的前任瓦勒良和他的西方繼位者君士坦修斯一世都信奉不敗的太陽神，也公開宣揚他們跟太陽神的關係。重要的是，基督教似乎從早期開始就與信奉太陽神的教派一同在類似的社會階層流傳，本身也有明顯的太陽意象與詞彙。比方說，在《新約聖經》裡，基督被形容為「世界的光」或「曙光」。

因此，太陽單一主神信仰和與太陽有密切關聯的一神信仰之間的界限十分模糊，而君士坦丁就是來自這樣的宗教背景。將這點納入考量之後，三一二年君士

24 古波斯光明之神。
25 古羅馬神話職司太陽的神祇之一。

坦丁從太陽單一主神信仰轉移到基督教，或許沒有後世看來那麼戲劇化。當然，到了三二三年，君士坦丁仍然在鑄造向「神聖同伴不敗的太陽」致敬的錢幣，並且在君士坦丁堡建造雕像，將自己塑造成太陽神阿波羅。在各種公開形象與宣傳活動中，君士坦丁持續使用某些形式、語句與圖案，雖然不全然屬於「異教」，卻既能吸引非基督徒，他的教友也能以基督教寓意加上理解。

這種做法不無務實的政治考量：君士坦丁必須步步為營，不能得罪帝國管理階層裡的異教勢力，因為他需要這些人的配合與支持。另一方面，君士坦丁的公共形象隱含的多重訊息，這本身或許就準確傳達他個人的信仰虔誠度。他與基督教的神建立的關係，跟長期以來東方統治者與諸神建立的關係沒有差別：他是神在人間的代理人。一般認為，信仰基督教的大臣樂意接受這種解讀：位高權貴的東方主教優西比烏（Eusebius）甚至就這個主題對皇帝發表一篇演說。

從三一二年即位到三三七年駕崩，君士坦丁給予基督教會和教會領袖始終如一的支持。君士坦丁過世後，他的三個兒子君士坦斯一世（Constans I）、君士坦丁二世和君士坦修斯二世（337–61）各自分配到帝國部分領土，也都遵循他對基督教的政策。到了三六一年，信奉異教的朱里安（Julian）登上帝位，但他在位短短十八個月，就死在對波斯的戰爭中。

結果是，羅馬帝國官方的基督信仰更為公開，也更為激進。帝王開始立法推廣基督信仰，在公領域的措施包括建造教會，禁止異教徒公開獻祭，在私領域則是試圖禁止某些存在已久、但基督教會領袖不贊同的行為模式，尤其是婚姻與性方面。

於是越來越多羅馬官員為了討好皇帝，改信基督教。到了四世紀末情勢更明顯，基督教不只是君士坦丁時代那個受到帝王偏愛的信仰，而是變身為羅馬帝國的國教。

新政治

前面討論過，君士坦丁用自己的名字為拜占庭改名，是為了慶祝打勝仗。但君士坦丁堡的建立不只是為了自我標榜。拜占庭這座希臘古城經過君士坦丁的擴張與美化，為新統治者提供某些優勢。只是，我們在第二章會談到，此舉也附帶不少缺點。

君士坦丁堡坐擁天然美景，橫跨忙碌的海上交通要道。關鍵在於，它離侵擾不斷的多瑙河與波斯邊界不遠。但最重要的是，在東方建立新的權力中心，為君士坦丁帶來實質又明確的政治利益，有助於鞏固他的新政權。

除了基督教會與神職人員，君士坦丁在東方沒有天然的支持力量。被他奪位並殺害的東帝黎西紐斯生前頗受異教徒與基督教徒的擁護，東方各大城對這個新政權的敵意想必不容小覷。因此，君士坦丁堡的建立有個好處，那就是讓皇帝遠離具有潛在威脅的陌生政治環境，方便他在親自挑選、一手打造的基地樹立自己的威望。

在此同時，君士坦丁堡的創建以及日後元老院的設置，讓君士坦丁和他的朝廷有機會網羅一批出身高貴、有權有勢的人物，成為他在全新政治環境裡的代表、同盟與後援。

為了確立他在東方的政權，君士坦丁的當務之急，是招攬一批追隨者與親信。這些人包括各省的領導階層和帝國的政治新貴，比如軍方高層、高級文官，以及掌控東方各大城參議會那些趾高氣昂的地主。君士坦丁延攬這些人來到君士坦丁堡，將他們納入他的朝廷。

為了吸引有權有勢的人來到他的新基地，君士坦丁免費提供土地讓他們在城裡建造私人住宅，又從三三二年開始實施定期麵包配給[26]。製作麵包的小麥來自豐饒多產的埃及行省，經由地中海航線大量運送過來。

26 早期免費糧食配給只限於羅馬城。

君士坦丁堡的建立，以及君士坦丁的後繼者設立並擴大元老院，對新秩序的正當性與穩定性有重要貢獻。特別是君士坦修斯二世，他讓君士坦丁堡元老院擁有跟羅馬元老院相同的地位。

這個政策的目的顯而易見：讓君士坦丁堡元老院和元老成為帝國朝廷與各省之間真實又有效率的窗口。因為很多元老在各省擁有土地，在帝都以外的地方，元老就是皇帝的「盟友」兼「耳目」。正如三五〇年羅馬演說家兼外交官狄米斯修斯（Themistius）對君士坦修斯二世所說：

帝王需要聽很多事、看很多事，同時還得留意很多事，這麼一來，他的雙耳、雙眼和身體……實在不夠用。但如果他有很多朋友，就能看得很遠，能聽見遠方的事，會跟看見那些事的人一樣，知悉遠方的情況。他因此可以同時存在許多地方，就像神祇一般。

君士坦修斯二世心裡有數，他甚至賞賜或拍賣大筆優質農地給這類人，好讓他們跟帝國休戚與共。但最重要的是，君士坦丁和他的王朝推動這些政策，長期目標在於團結地中海東岸的精英官員，建構單一政治群體。群體成員的共同點是認同羅馬政權、希臘「高級文化」與基督教信仰，最重要的是，都以君士坦丁堡為他們政治野心的焦點。正是這個結合羅馬身分、希臘文化、基督信仰與對君士坦丁堡的忠誠的四世紀政治產物，會在未來一千多年裡定義拜占庭與它的文明。

第二章

統治之城君士坦丁堡

權力的投射

君士坦丁決定在他的新城市君士坦丁堡統治帝國，這不代表他的根據地就能順理成章變成東羅馬帝國實至名歸的首都。在四世紀後期之前，帝國統治中心流動性極高，因為帝王經常遠離都城，親自去討伐敵人與對手。比如，君士坦丁的兒子兼東帝繼位者君士坦修斯二世經常前往敘利亞的安提阿，聯合各方力量克制波斯的威脅。西元三五七年君士坦修斯二世還前往羅馬城，他那果斷的獨裁作風與軍人氣概，讓圍觀群眾留下深刻印象。舉例來說，當時的歷史學家阿米亞努斯・馬塞利努斯（Ammianus Marcellinus）記載他駕臨羅馬的盛景，體現了東方各省長久以來習慣的統治風格：「彷彿他打算靠威武的軍容震懾幼發拉底河（Euphrates）的東方強敵。」馬塞利努斯寫道，「軍旗在兩側引導，他獨自站在綴滿各種璀璨寶石的金色戰車上。寶石的光芒相互輝映，明亮的程度不輸白晝之光。」

直到狄奧多西一世（Theodosius I, 378–95）即位，君士坦丁堡才正式成為帝國在東方唯一的首都及帝王的固定居所。到了六世紀，查士丁尼（Justinian, 527–65）會在他的法典[1]裡稱這座城為「統治之城」或「眾城之后」。從君士坦丁到查士丁尼，歷任帝王都為君士坦丁堡非凡的建築發展史投注心力，這座城於是從過去的小鄉鎮搖身一變，成為投射帝國威權的最高舞台。

原本的拜占庭跟大多數傳統希臘城市一樣，重點在於衛城（acropolis）[2]。拜占庭的衛城坐落在城市東端的岬角，俯瞰金角灣（Golden Horn）。衛城旁邊就是市集，城裡的商業活動都集中在這裡。另有一座露天競技場，是鬥劍等各種競技的場所。

然而，君士坦丁和他的子孫徹底改造了這座城，他們在衛城南邊興建宮殿

1 指《查士丁尼法典》，是查士丁尼命法學家垂波尼安（Tribonian, 約 500–547）帶領工作小組整理羅馬帝國龐雜的法規律令編纂而成，為後世民法的基礎。

2 古希臘城市的要塞城市，多建在城市周邊的山區，戰爭爆發時，城市居民可以遷入衛城防守。

群，那裡順理成章變成城市的新核心。緊鄰宮殿群的還有元老院、聖索菲亞主座教堂（Cathedral Church of Hagia Sophia，或稱聖智大教堂〔Holy Wisdom〕）、處理城市多數法律事務的帝國大會堂（imperial basilica）、大型公共浴場（宙克西帕斯浴場〔Baths of Zeuxippus〕），以及最重要的橢圓競技場（Hippodrome），帝王在那裡主持戰車競技活動，供市民消遣娛樂。

這些建築物都圍繞著一片巨大的廣場：奧古斯都廣場（Augustaeum）。皇宮、大教堂與競技場集中在一處，俗世的公私領域和宗教儀式就這麼奇妙地交織在一起，也奠定了這座城市未來許多世紀的生活基調。

奧古斯都廣場西邊有一座金色里程碑，名為米利安碑（milion），是計算從君士坦丁堡到帝國境內其他城市的距離的起始點。城裡主要的遊行路線梅塞大道（mese，意為中央大街）從里程碑往外延伸，經過君士坦丁廣場抵達卡比托神廟（Capitolium）。君士坦丁廣場就像城裡的無數廣場一樣，裝飾著許多城裡四處可見的雕像與紀念碑。廣場正中央立著一根斑岩圓柱，托著君士坦丁的青銅雕像。梅塞大道在卡比托神廟一分為二：一條往西北延伸，經過聖使徒教堂（Holy Apostles）抵達君士坦丁城牆。聖使徒教堂是由君士坦丁下令興建，做為帝王的陵墓。另一條路直向西行，連接卡比托神廟與黃金門（Golden Gate），這座城門是君士坦丁堡的正式大門，也是主要出入口（見地圖2）。

這條道路的開闢有效地創造另一座舞台，方便舉辦盛大遊行（類似三五七年君士坦修斯駕臨羅馬城的活動），帝王與他的隨行人員在展現帝國威權的同時，可以接受子民的歡呼與讚揚（有時則是埋怨）。比起其他羅馬城市，君士坦丁堡的設計初衷更明顯是為了清晰地傳達帝國的威信。因此，這座城不太像傳統的希臘與羅馬城市，反倒更近似遠東與中東的恢宏「皇城」。

在建築上，君士坦丁堡的規畫是以筆直的柱廊街道為基礎，穿插各式廣場。這點類似敘利亞的安提阿、阿帕米亞（Apamea）和帕邁拉（Palmyra）等東方城市。不過，君士坦丁堡勝過其他城市的地方，是那些廣場和其他公共場所都裝飾著許多從整個帝國搜集（或掠奪）而來的紀念碑與物品。比方說，君士坦丁

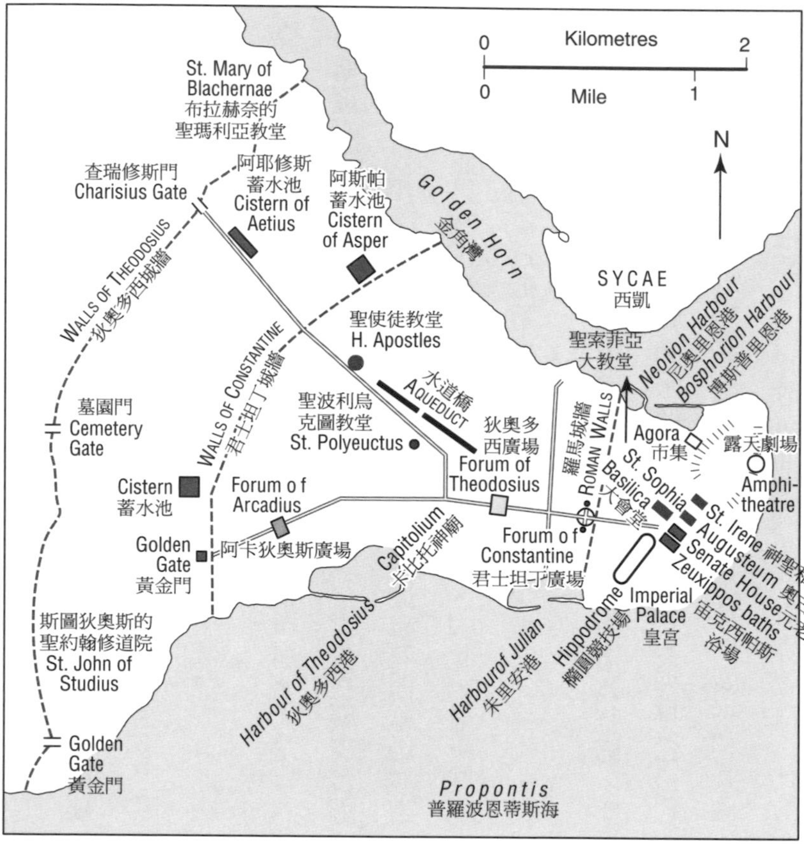

地圖 2　君士坦丁堡平面圖。（原圖見《牛津拜占庭歷史》，西里爾・曼戈編。牛津大學出版社授權重繪）

就用大理石與青銅雕像裝飾宙克西帕斯浴場，包括三尊太陽神阿波羅、三尊希臘女神阿芙羅黛特（Aphrodite）、兩尊大力士海克力斯（Heracles）、一尊海神波賽頓（Poseidon），另外還有二十九尊特洛伊傳說人物的雕像，比如海倫、安德洛瑪克（Andromache）與戰鬥英雄埃涅阿斯（Aeneas）。宙克西帕斯浴場不只是公共浴場，同時也是公開演說與辯論的場地。君士坦丁還以更多異教神祇、野獸和史芬克斯（Sphinx）[3]等神話動物的雕像裝飾競技場。最重要的是，他在那裡立了兩座與軍事勝利有關的紀念碑：一座慶祝屋大維在希臘西部的亞克興（Actium）擊敗馬克．安東尼；另一座是從希臘古都德爾菲（Delphi）運來的蛇柱（Serpent Column），紀念西元前四七九年希臘城邦聯軍在普拉提亞戰役（Battle of Plataea）打敗入侵的波斯人。競技場還裝飾了亞歷山大大帝、凱撒大帝、奧古斯都和戴克里先等帝王的圖像。另外，君士坦丁廣場上除了君士坦丁的雕像之外，還有從羅馬運來的智慧女神雅典娜（Pallas Athena）雕像，以及其他

3 古埃及神話中的怪獸，最初有三種：人面獅身、羊頭獅身與鷹頭獅身。到了希臘神話，史芬克斯變成邪惡角色，代表神的懲罰。

神話與文學主題的雕像。

歷代帝王也陸續添置，為君士坦丁堡增加幾許古羅馬氛圍，其中尤以狄奧多西一世為最。狄奧多西一世自稱是五賢帝之中圖拉真（Trajan）的後代，將羅馬的圖拉真廣場原樣重現在君士坦丁堡。他兒子狄奧多西二世（408–50）更進一步，效法台伯河邊的羅馬城，將君士坦丁堡從原本的六丘之城變成七丘之城[4]。根據史料記載，為貴族建造的住宅也採用羅馬的建築與裝飾格式。舉例來說，一份十世紀的文獻如此描述這些四世紀宮殿：「如果你細看其中的門廳、庭院和樓梯，會發現樣式與高度跟羅馬的建築格外相似。再看看那裡的大門，你會以為自己置身羅馬城。」

不過，狄奧多西一世也在競技場裡放置了一座來自埃及亞歷山大城（Alexandria）的雄偉方尖碑。另外，隨著越來越多各省權貴遷入君士坦丁堡，他們也可能為這座城帶來自己的建築與藝術品味，進一步強化了君士坦丁堡兼容並蓄的建築風格。

以六世紀初財力雄厚的羅馬貴族安妮西亞．茱莉安娜（Anicia Juliana）為例，她在卡比托神廟與聖使徒教堂之間建造一座教堂，獻給殉道的羅馬士兵聖波利烏克圖（St Polyeuktos）。這座教堂如今已經不存在，但它的風格似乎讓人遙想所羅門聖殿（Temple of Solomon）[5]，也汲取了不少埃及的建築元素。做為國際性的政權中心，君士坦丁堡從四世紀到六世紀的歷史面貌，可說是真正名實相符的世界之都。

君士坦丁堡混雜的建築與藝術風格可說獨一無二，城裡的建築界與工匠採用的某些技術同樣自成一格。前面談到過，拜占庭這座希臘古城的地理位置擁有許多天然優勢，但這座城卻有個最大的弱點，那就是它坐落在斷層帶上，飽受地震威脅。

4 羅馬七丘位於台伯河東測，是羅馬建城之初的宗教與政治中心，七座山丘上的城鎮原本各自獨立，後來慢慢合併為羅馬城。

5 以色列第三位國王所羅門建造的聖殿，也是猶太教信仰中心，建於西元前九六〇年，毀於西元前五八七年。

這幾乎解釋了城裡建築物的某些特異之處。舉例來說，相較於傳統的羅馬建築方式，君士坦丁堡的建築界使用的灰泥比例高得多（與磚頭大約二比一）。他們也建造桶形拱頂，有時在起拱點上方排列陶甕。這種結構能讓建築物在地震來襲時多點彈性，減少崩塌的機率。只是，高比例的灰泥會讓建築物外表灰撲撲的，於是拜占庭的工匠、捐款人和出資者轉而強調建築物內部富麗堂皇的裝飾。

君士坦丁堡還有另外兩個地理位置上的不利條件，需要四到六世紀的帝王去克服。首先，基於博斯普魯斯海峽的潮流特性，敵軍很難從海上進攻君士坦丁堡，來自歐洲與色雷斯平原（Thrace）的陸地攻擊卻不容易防範。最麻煩的是，君士坦丁堡沒有任何天然屏障，很難阻擋緊鄰的多瑙河流域或克里米亞大草原（Crimean Steppe）的入侵者。

四世紀晚期到五世紀初匈奴（Huns）崛起，北方的蠻族地域紛擾不斷，帝國當局不得不嚴陣以待。四〇三年到四一三年之間，狄奧多西二世下令建造雄偉的城牆，共有內牆、外牆與護城河三道防線。這道「狄奧多西城牆」（如今依然

圖 2　三道防線的狄奧多西城牆。（F1onlineRM/Glowimages.com）

屹立，見圖2）代表羅馬軍事工程的顛峰，在現代化的時代來臨、火藥發明之前，也確實堅不可摧。到了五世紀末、六世紀初，帝國還會增加另一道防線，亦即安納斯塔西亞城牆（Anastasian），又稱「長城」，不過，這道城牆實在太長，沒有足夠的人力來防守。

狄奧多西二世建造這道城牆，顯然打定主意要比原有的君士坦丁城牆納入更為廣大的土地。這可能是為了因應城內擁擠的人口，因為到了五世紀，人口的成長已經超過君士坦丁堡最初的規模。

值得一提的是，打從一開始，狄奧多西城牆與君士坦丁城牆之間的土地就規畫為農地，以便遭到圍困時，城中百姓勉強還能自給自足。在和平時期，城裡許多百姓能獲得免費麵包、葡萄酒與油品的配給。前面討論過，配給的麵包是從埃及運過來的，而埃及是羅馬帝國農業產量最高的區域，因此成為帝國的糧倉。

君士坦丁堡最後一個地理位置上的重大缺點，是用水的供應（這個問題依然困擾著如今的伊斯坦堡）。這座城和周邊地區非常欠缺可供飲用與沐浴的淡水水源，因此，當局耗費巨量的人力物力建造一系列龐大的水道橋，這些水道橋蜿蜒西行穿過色雷斯，全長超過二百公里。

當然，這樣的水道橋很容易被破壞。西元六二六年阿瓦爾人（Avars）圍攻君士坦丁堡，就刻意毀壞瓦倫斯水道橋（Aqueduct of Valens）[6]。歷代帝王也紛紛採取對策，在城內建造一系列地下或露天蓄水池，確保用水無虞。舉例來說，狄奧多西與君士坦丁時代建造的三座露天蓄水池，總共能蓄水將近一百萬立方公尺。不論是查士丁尼的「地下水宮殿」（cisterna basilica），或位於競技場與君士坦丁廣場之間的菲洛齊諾斯地下蓄水池（cistern of Philoxenos），都是拜占庭時期君士坦丁堡令人嘆為觀止的遺跡。

從初期開始，君士坦丁堡就有明確的社會階層區域劃分。早先提到過的貴族住宅和帝王「恩賜」給家族與親信的宅邸，主要集中在皇宮周遭和城市西邊，城西的狄奧多西城牆與君士坦丁城牆之間更具田園風光，適合建造近郊別墅。

一般說來，平民的住宅似乎集中在西北邊，靠近金角灣上的尼奧里恩港（Neorion harbour）商業區，大多數批發商品都從這個港口輸入。城南的朱里安港和狄奧多西港是四世紀增建的大型人工港，港口附近建有大型筒倉來儲存穀物，顯然專門用來停泊來自埃及的穀物船。城市的規模越大，糧食的供應就越重要。

6 東羅馬帝國皇帝瓦倫斯（Valens, 328–378）建造的輸水道，為高架磚橋。

君士坦丁堡的人口大約在六世紀初查士丁尼在位時達到顛峰，據估計約五十萬人。當然，百姓從鄉間遷入城市，衍生種種問題，查士丁尼深感困擾，於是採取管制措施。不過命運自有安排，五四二年君士坦丁堡和帝國其他地區爆發史上所知第一次腺鼠疫（bubonic plague）。君士坦丁堡發生鼠疫時，歷史學家普洛柯庇斯（Procopius）就在城裡，他提到，鼠疫一度在一天之內奪走一萬條人命。他還寫到城外的巨大墳墓，以及亡者的遺體從金角灣被拋進大海，任其隨波逐流衰朽腐化。

海葬的做法嚴重干擾尼奧里恩港和周邊商業區的倖存者的生活，尤其當時人們相信瘟疫是「髒空氣」所導致。所以我們不難想像，大約從六世紀中葉開始，人口漸漸向南遷移，朱里安港也發展成新的商業中心。相對地，尼奧里恩港變成海軍船塢。金角灣要重現榮景，要等到十一世紀義大利商人來到，透過協商取得在那裡建立貿易特區的權利。

在政治事件推動下，六世紀也是所謂的「古城」建築發展最後一個階段。先前提到過，競技場位於君士坦丁堡的政治中心，賽馬與各種競技的觀眾分為四個黨派，其中最知名的是藍黨與綠黨。

這些黨派在君士坦丁堡的各種儀典上扮演重要角色，比如代表「百姓」出席皇帝的加冕典禮。他們也負有特定的公民責任與義務，比如救火，或在敵軍進犯時戍守城牆。不過，他們也會製造麻煩，包括不定期發生派系鬥毆與騷亂。

普洛柯庇斯在他的《祕史》（*Secret History*）中歷歷如繪地描寫黨派成員無法無天的罪行，包括強姦、綁票、搶劫與殺人等。他還描述了他們那奇特的「匈奴」髮型：兩側剃短，頭頂和後側留長，像如今的茂利頭（mullet）。各黨派收攏了來自所有階級的少年，他們的暴亂有時帶有政治目的，特別是接受金錢酬庸時。

在五三二年新一波黨派暴動中，查士丁尼下令逮捕藍綠兩黨的領導人。此舉導致各黨派團結起來，以更大規模的暴動反抗他，反對查士丁尼的元老也利用這個機會企圖罷免他。

查士丁尼考慮逃走，卻被他那強悍的妻子狄奧多拉（Theodora）勸阻。狄奧多拉曾是伶人，厭惡查士丁尼的普洛柯庇斯說她是個好管閒事的蕩婦。妻子的鼓舞令查士丁尼勇氣倍增，於是他動員軍中的支持者鎮壓暴民，據說在競技場屠殺了三萬名暴亂分子。查士丁尼趁機清理元老院的反對勢力，鞏固他搖搖欲墜的政權。

這場禍事名為「尼卡暴動」（Nika riots），因為暴民發動突襲時高呼「尼卡」，意思是「勝利」，可惜策畫者非但沒能如願罷免查士丁尼，還重創了城內的核心地帶。聖索菲亞大教堂化為廢墟，緊鄰的神聖和平教堂（Hagia Irene）也夷為平地，保存犯罪資料與相關文件的禁衛軍辦公室被毀，聖奧古斯都廣場周邊的官方建築也橫遭波及。值得注意的是，尼卡暴動後查士丁尼把握機會重建市中心區的重要建築，趁勢宣揚自己的功績，其中最顯著的是重建聖索菲亞大教堂，這個計畫堪稱大膽，只是稍嫌虎頭蛇尾。

在暴動發生前，查士丁尼已經下令在皇宮南側興建一座新教堂，紀念敘利亞聖徒塞吉烏斯與巴克斯（Sergius and Bacchus）[7]。由於皇后狄奧多拉特別關照城裡的敘利亞修士與神職人員，查士丁尼因此決定興建這座教堂供這些人傳教。當時的敘利亞依然存在傳統的圓頂教會建築，或許是為了向那些神職人員的故鄉致敬，塞吉烏斯與巴克斯教堂於是建成一座圓頂教堂。這座教堂的樣式雖然有點不尋常，卻是一座異常優雅迷人的建築物。也許是這座教堂激發了靈感，查士丁尼和他的建築師選擇以類似方式重建聖索菲亞，取代過去建在原址上的大教堂，只是規模大得多（見圖3）。

聖索菲亞大教堂與塞吉烏斯與巴克斯教堂一樣，也是圓頂教堂。施工時先在七十乘七十六公尺的長方形地基上豎起四根雄偉的柱子，定出邊長三十公尺的正方形。四根柱子是用來支撐二十公尺高的三角穹窿，三角穹窿則支撐浩大的

7　塞爾吉烏斯和巴克斯是四世紀的羅馬士兵，祕密信奉基督教被發現，遭到嚴厲懲罰，巴克斯在酷刑中死亡，塞爾吉烏斯最終被斬首。後來兩人被天主教和東正教尊為殉道者和軍人聖徒。

圖 3　聖索菲亞大教堂外觀，周圍是土耳其式尖塔。（F1onlineRM/Glowimages.com）

中央圓頂。中央圓頂直徑三十公尺，與地面距離高達二十五公尺。在外方內圓的中央圓頂之外，又建了牆壁、扶壁與圓柱，既支撐外牆，也能增加走道與拱廊。

教堂的下層鋪設大理石，地面是灰色大理石板，其他結構則選用各色大理石裝飾。相較之下，上層的拱廊和走道則飾以各種精雕細琢的大理石雕，牆壁鑲嵌晶亮的馬賽克方塊。光線從彩色玻璃窗照射進來，整面牆熠熠生輝，參觀者的視線（與心靈）不由自主地循著光線往上移，思索起不可思議的神性。

查士丁尼的聖索菲亞大教堂建造迅速非凡，尼卡暴動後將近五年，教堂就落成了。這表示施工過程必定倉促。比方說，建築師尋遍整個帝國，都沒找到足量相同尺寸與材質的柱子，看上去因此顯得有點混雜。同樣地，上層牆壁的巨幅馬賽克圖像可能是套用模板，因為造價比精緻繁複的拼貼法更低廉，安裝也比較迅速。不過，中央的三角穹窿內側鑲嵌了四幅格外鮮明又撼動人心的馬賽克圖像（在相對較晚近的時期才被發現），描繪的可能是天使長或類似的神聖力量。

然而，不管建造過程多麼倉促，聖索菲亞大教堂的重建都是結構與照明工程上的成就。據說大教堂完工時，查士丁尼興奮地大喊，「所羅門，我超越你了！」到了十世紀，來自北歐的斯堪地納維亞人（Scandinavian）與基輔的斯拉夫人造訪君士坦丁堡，選擇在聖索菲亞大教堂受洗，改信羅馬皇帝的東正教

（Orthodox）[8]，理由是他們相信聖索菲亞大教堂是神真正的居所。

中世紀城市

中世紀大多數時間裡，君士坦丁堡這座城市外觀一直維持查士丁尼時代的樣貌。原因在於，查士丁尼之後的皇帝財力不如古典時代晚期的皇帝，也沒有那份雄心壯志大興土木。在中世紀與拜占庭百姓的心目中，「統治之城」在古典時代晚期的面貌有兩大特色，那就是聖索菲亞大教堂與狄奧多西城牆。確實，「城堡裡的圓頂」幾乎成了君士坦丁堡的視覺要素。

查士丁尼時代結束後那段時期，君士坦丁堡主要的變化在於，城裡的基督教特質越來越明顯。這是因為城裡新建許多教堂，聖徒的遺物也從整個基督教世界送過來，特別是「君士坦丁堡受聖母庇護」這個傳統概念漸漸形成。

這個傳統概念可能始於五世紀，當時在狄奧多西王朝多位皇后支持下，發展出對聖母瑪利亞的崇拜。這股潮流在六二六年達到高峰，那年阿瓦爾人圍攻君士坦丁堡，人們相信聖母顯靈保衛城市，奇蹟般地擊退進犯的蠻族。正如當時的君士坦丁堡主教撰寫的感恩聖詩所說：

啊，誕神之女，所向無敵的勝利者，祢的城市感謝祢排除苦難。以祢無懈可擊的威力，讓我們遠離一切險厄。我們才能向祢呼喊：歡喜啊，永遠聖潔的新婦！

七世紀時，耶路撒冷先是被波斯人奪走，之後又落入阿拉伯人手中，君士

8　與天主教、新教並列基督教三大宗派，主要分布在東歐。

坦丁堡於是成為人們心目中的「新耶路撒冷」。原因在於，阿拉伯軍隊進攻耶路撒冷時（參考第三章），信徒將真十字架（True Cross）[9]的殘餘從聖墓教堂（Holy Sepulchre）偷出來，送到君士坦丁堡保存。

查士丁尼之後的拜占庭帝王之所以避免大興土本還有另一個原因：沒這個必要。前面討論過，瘟疫發生前，君士坦丁堡的人口在查士丁尼時代達到頂點，大約有五十萬人。接下來將近兩百年的時間裡，腺鼠疫週期性爆發，消滅每個世代的新增人口。從八世紀晚期開始，人口緩緩回升，到了十一世紀末和十二世紀科穆寧王朝[10]，才又逼近查士丁尼時代的水準。只是，一二〇四年拉丁人占領君士坦丁堡大肆破壞，以及十四世紀黑死病（Black death）[11]侵襲，人口再度銳減。

大致說來，君士坦丁堡人口規模高低起伏，高點出現在查士丁尼與科穆寧王朝，大約五十萬。低點則在八世紀伊蘇里亞王朝[12]與十四世紀巴列奧略王朝[13]，只有四萬人到七萬人。我們會在第三章討論到，帝國在七世紀時失去埃及行省，穀物的供應因此斷絕，免費麵包配給被迫取消，衍生的糧食危機也可能造成人口的損失。

當然，種種跡象顯示，七、八世紀的君士坦丁堡已經不復昔日的榮華。如先前所說，六二六年阿瓦爾人毀壞瓦倫斯水道橋，企圖切斷城內的供水。直到君士坦丁五世（741–75），水道橋才得以修復，這表示供水量雖然降低，卻仍然足以應付縮減後的人口所需。同樣地，五四二年查士丁尼必須在城牆外開挖超大墳墓埋葬鼠疫死者，或直接投入大海。八世紀中期最後一波所謂的「查士丁尼瘟疫」來襲時，君士坦丁五世不再需要將亡者埋葬到城外，代表著遺體數量減少，城裡

9 即耶穌受刑的十字架。據說君士坦丁的母親聖海倫納（Saint Helena）命人摧毀建在耶穌墳墓上的維納斯神廟，並在附近挖掘，找出三個十字架。她找來一名生命垂危的重病婦人，命對方逐一觸摸十字架，婦人摸了第三個十字架後，神奇地恢復健康，於是認定那是真十字架。

10 指阿列克修斯・科穆寧（Alexius Comnenus）登基（1081）後大約一百年。

11 發生於十四世紀中葉，在歐亞非各洲流傳，是人類歷史上死傷最嚴重的瘟疫，致病原因眾說紛紜。

12 指伊蘇里亞人李奧（Leo the Isaurian）登基（717）後的近百年時間。

13 拜占庭帝國最後一個王朝，指米海爾八世（Michael VIII Palaeologus）於一二六一年打敗拉丁人重建拜占庭帝國起，到帝國滅亡為止。

的空地已經足以掩埋。

不過，君士坦丁五世決定將亡者葬在城內，這也反映出人們看待亡者的心態有所改變。古代希臘與羅馬人堅決將生者與死者分開：城市是生者的居所，墳場才是亡者的歸宿。然而，基督教徒會前往殉道者的墓地表達崇敬，也珍視聖徒的遺物，這些行為漸漸打破羅馬法律與希臘羅馬習俗過去費心維持的心理壁壘。

同樣地，從六到八世紀，君士坦丁堡生活樣貌的改變與演進，部分取決於外在危機（見第三章），另一部分則是更廣泛的文化變遷。到了中世紀，君士坦丁堡的生活越來越偏重私人領域，越來越以家庭為重心。另外，在教會影響下，城裡的居民越來越不習慣在公共場所裸體或欣賞露骨的表演。於是，露天劇場和大浴場漸漸閒置，比如毀於尼卡暴動的宙克西帕斯浴場。

公共空間的再利用出現不少驚人之舉，古典時代晚期某些重要的公共廣場，到了中世紀變成家畜市場，市集旁的羅馬露天劇場變成刑場。第六章我們還會談到，由於對藝術的看法改變，加上古代工藝失傳，人們開始用懷疑與畏懼的眼光看待君士坦丁和他的後人用來裝飾城市的眾多雕像，認為那是魔鬼的住所，而非高級藝術的展現。

另外，七到八世紀東羅馬帝國中央機構職權重新分配，禁衛軍等機關辦公室被廢除，帝國行政組織的基本單位漸漸集中在皇宮裡。不過，這座基督教羅馬城市的基本輪廓與外觀，依然保持查士丁尼遺留下來的樣貌。

正如先前所說，教會與基督教機構持續影響君士坦丁堡城市面貌，即使在最拮据的時刻，帝王依然在城裡建造並資助教堂、修道院和慈善機構。重要的是，宮廷的大臣和貴族階級也效法這類善舉，建立他們自己的教堂、修道院和慈善機構。從七世紀開始，帝國的貴族普遍不是享有王權的族群，就是宮廷的大臣，因此更願意追隨並模仿帝王的作為。

撇開宮廷不談，十、十一世紀有兩大族群支配著君士坦丁堡。首先是貴族家庭，這些人大多數還住在四到六世紀帝王為古典時代晚期貴族興建的住宅裡；其次是由帝王與俗世贊助者出資建立的修道院與教會機構。

貴族家庭與宗教機構的收入來自城裡的商鋪和批發店，另外就是在其他行省的龐大地產，特別是色雷斯、馬其頓與小亞細亞西部。從結構、經濟，甚至建築的角度來說，貴族與宗教族群都極為相似。建築方面的共同點不難想像，因為很多修道院最早便是貴族的住宅或別墅，比如君士坦丁城牆與狄奧多西城牆之間的斯圖狄奧斯的聖約翰修道院（St John of Stoudios）[14]。正如當時的新神學家聖西默盎（St Symeon the New Theologian）[15]對基督教徒說的話：

> 世界是什麼？世上的事物又是什麼？聽啊！不是黃金，不是白銀，不是馬匹，當然也不是騾子。這些東西都滿足人類的需求，我們也都會取得。不是麵包，不是肉類，也不是酒，因為這些我們也都盡情享用。不是房屋，不是浴場，

不是村莊或葡萄園或莊園，因為宗教機構和修道院也擁有這些東西。

拜占庭貴族建立這些宗教機構，顯然既本著虔誠的信仰，也著眼於來世。這樣的慷慨行為也有其他好處。長期以來羅馬與拜占庭貴族為了確保家族的存續，會設法禁止後代把財產贈送或出售給沒有親屬關係的人。然而，羅馬與拜占庭的法律卻不利於這種慣例。比方說，查士丁尼就規定，這種對後代的禁令以三代為限。不過，法律容許貴族捐款興建修道院與其他宗教機構，並贈予獲利豐富的資產與莊園，相對地，受贈的修道院無限期撥出固定比例的收入給貴族的後代。

因此，拜占庭人之所以這麼熱中建立宗教機構，修道院之所以在實質上與制

14 聖約翰又稱施洗者聖約翰，是基督教重要人物，伊斯蘭教也尊他為先知。

15 西默盎（949–1022），東正教修士兼詩人。「神學家」並不是指神學上的研究，而是他主張所有人都能親身感受神的臨在。

度上支配中世紀的君士坦丁堡，是因為這些修道院可說是羅馬與拜占庭法律中的「信託基金」。捐贈者既可以利用這些機構照顧自己死後的靈魂，也可以確保後代的繁榮昌盛。對於貴族與教會，這都是最有利的結合。

秩序與混亂

中世紀的君士坦丁堡商業上蓬勃發展，文化上海納百川。舉例來說，到了十二世紀，人口已經重回查士丁尼時代的高峰，並且可以透過商業管道取得足夠的糧食。

同樣地，雖然在拜占庭人心目中，「羅馬人」與「基督教徒」兩種身分漸漸畫上等號，城裡仍然有不少猶太人口。到了十世紀，城裡也有穆斯林阿拉伯商人聚居，合法擁有他們自己的清真寺。如先前所說，金角灣周邊地區在十一世紀變成義大利商人的聚居地。這些人分別來自威尼斯、熱那亞（Genoa）、比薩（Pisa）與阿瑪菲（Amalfi），會在帝國的經濟上扮演越來越重要的角色。早在七、八世紀，即開始有亞美尼亞人（Armenian）與高加索人（Caucasian）成為帝國高官。

因此，君士坦丁堡依然是權力中心，也是交流中心，繁忙、混雜、南腔北調。正如拜占庭詩人約翰．策策斯（John Tzetzes）在十二世紀中葉寫下的名句：「當我跟塞西亞族群（Scythians）相處，你會發現我是塞西亞人；與拉丁人往來時，我會是拉丁人；和其他種族接觸時，你會認為我與他們同文同種……我用得體又恰當的言語跟每個人交談，深知這是最優質的行為表現。」

策策斯描寫的那個時期最大的變化在於，義大利貿易特區建立後，當地從六世紀開始衰退的經濟恢復了生機。另外，十一、十二世紀科穆寧王朝的帝王慢慢遷離競技場旁的舊皇宮，搬到西北邊的布拉赫奈宮（Blachernai），因為那裡離城牆近得多，方便帝王在軍事危機日益升高的時期掌控都城的防衛。

以拜占庭帝國的思維來說，皇帝必須效法神對宇宙的仁慈管理，維持秩序。在這方面，挑戰性最大的莫過於帝國首都，因為那裡的人口似乎永遠瀕臨失控。

前面討論過，查士丁尼在位時不得不設法安置從鄉村移入城市的大量人口，還得處理競技場黨派暴力問題。他頒布的法令也顯示，他試圖整肅帝都的黑暗面，比如打擊以鞋子或美食誘騙農村女孩進城、逼迫她們賣淫的人口販子，或立法禁止同性戀，也不准男女演員與妓女裝扮成修士、修女或神職人員來取悅觀眾或嫖客。

令人震驚的是，整個查士丁尼時代，已知因為同性戀行為受處罰的人都是主教。另外，根據普洛柯庇斯記載，北非駐君士坦丁堡的神職人員因為嫖妓被捕。這座城顯然不如官方宣揚的那般「神聖」，也並沒有因為修院如雨後春筍般建立，就變得更虔誠。

查士丁尼時代結束後，城內百姓的道德感依然沒有提升。伊斯坦堡考古博物館有一件雙面浮雕作品，一面是一頭威猛的熊，頸子套著鐵鍊，另一面是一個戴著狗頭面具的裸體男子，據估計是十一世紀的作品。這座浮雕是為誰而做，因何而做，實在耐人尋味。然而，不管是什麼樣的創作背景，都透著詭異。

就連宮廷也未必是一片淨土。拜占庭人跟更早之前的古羅馬人一樣，喜歡欣賞表演取樂，比如看弄臣嬉鬧。這些弄臣通常衣著清涼，戴一頂軟帽，拿兩根手杖。特別的是，他們會背對觀眾擺動裸露的臀部，逗觀眾發笑。根據一份語氣不友善的資料，荒淫無度的米海爾三世（Michael III, 842–67，綽號「醉鬼」）跟某個弄臣過從甚密，指示那人裝扮成君士坦丁堡牧首（Patriarch）[16]，坐在他黃金宴會廳（Chrysotriklinos）的寶座旁。米海爾三世的母親狄奧多拉走進宴會廳，依禮跪在那假扮的牧首面前，請他為她禱告。據那份資料的作者描述，弄臣聽見虔誠太后的要求，轉身用臀部對著她，「汙濁的腸道發出驢子般的叫聲」。

16 東正教的最高等級主教，或譯宗主教。

城裡的百姓仍然極不安定，舉例來說，一一八二年暴民攻擊義大利特區，為科穆寧王朝與西方的關係帶來致命危機。顯示要先確保充足的糧食與生活物資，百姓才願意安分地充當帝王的後盾。

比方說，君士坦丁堡牧首尼賽福祿（Nicephorus，約 758–829）不滿八世紀的皇帝君士坦丁五世反對聖像，對君士坦丁五世多所批評。他說，雖然百姓認為那是富足的年代，食物價格低廉，但事實上那個時代充斥著「瘟疫、地震、流星、饑荒和內戰。」他接著說，「然而，這些愚蠢的低等動物大聲誇耀那些豐衣足食的『好日子』。這樣的人有什麼值得期待的？」

那些人絕大多數連字母都不認識，往往鄙視並羞辱重視教育的人。其中最粗野、最無禮的人過著窮困潦倒的生活。像那種在街頭巷尾遊蕩的人，連自己的三餐溫飽都顧不上。

另外，七、八世紀拜占庭行政機構調整，只有少數單位沒有被裁撤或大幅改組，其中之一就是君士坦丁堡的市政官（Urban Prefect）。市政官負責維護城內治安，監督城裡的糧食供應，管理君士坦丁堡的「經濟制高點」[17]。一份九世紀末或十世紀初的文獻清楚闡釋這一點。這份文獻名為《市政官手冊》（*Book of the Prefect*），內容是市政官管理城市各種同業公會的指導方針，比如食物的買賣或生產、商業服務、金錢，以及宮廷儀典所需的物資。

因此，我們看到了針對各行各業的規章，比如販售麵包、雜貨、魚、國產紡織品或來自東方的穆斯林紡織品、香水、肥皂與蠟、香、豬肉、牛羊肉等商販，另外就是公證人、銀行家和錢幣兌換商。這些只是帝國當局最關注、急於監督與控制的行業，除此之外還有更多沒有納入規範的商業活動。

17 在馬思克主義經濟理論中，經濟制高點指的是具有戰略重要性的特定行業，比如公用事業、自然資源與國內外貿易等相關行業。

很顯然，禽畜和其他日用品（比如木料）是從帝國各地長途運送，來到君士坦丁堡這個市場，就連宮廷儀典的舉行也經過調整，配合城市食物供應的節奏。根據十世紀編纂的帝國儀典手冊《禮儀書》（*Book of Ceremonies*）記載，帝王帶著隨行人員出巡，在城裡穿街走巷時，依規定必須正式視察將軍廣場（Strategion）的穀物筒倉。

糧食的供應不能心存僥倖，當然也不能輕信。正如《禮儀書》記載，「必須有個檢查員隨侍在側，如果皇帝想知道筒倉裡是不是確實儲存足量的穀物，檢查員就會去測量皇帝指定的地方，據實回報。」皇帝得到滿意的答覆之後，御駕才會往前走。

第三章

從古典時代到中世紀

危機處理

羅馬帝國在四世紀末一分為二，大多數時間各有統治者：東羅馬帝國包括希臘、小亞細亞與安那托利亞（Anatolia）、敘利亞、巴勒斯坦與埃及；西羅馬帝國則有義大利、高盧（Gaul）、不列顛、伊比利亞半島（Iberian peninsula）與非洲。東西帝國的分界穿過巴爾幹半島的伊利里古行省（Illyricum）。

到了五世紀初，整個帝國持續受到匈奴和萊茵河與多瑙河另一邊的日耳曼各族侵擾。帝國的西部行省首當其衝，面臨蠻族入侵的最大壓力，並且陸續脫離帝國的掌控。到了四七〇年代早期，西羅馬帝國的勢力已經到不了義大利以外的地區。

西元四七六年，西羅馬帝國最後一任皇帝羅慕拉斯・奧古斯都拉斯（Romulus Augustulus，又稱「小奧古斯都」）被哥德人將領奧多亞賽（Odoacer）趕下王座，奧多亞賽並寫信給君士坦丁堡的帝國當局，直言西羅馬已經不需要皇帝。

於是，橫跨地中海的羅馬政權在五世紀末退場，取而代之的是義大利、西班牙、高盧與非洲等地出現的自治政體，由哥德（Gothic）、法蘭克（Frankish）、勃艮第（Burgundian）和汪達爾（Vandal）等蠻族的封建領主統治。就連羅馬城本身都不再歸羅馬帝國管轄。

儘管坐鎮君士坦丁堡的羅馬皇帝依然主張擁有帝國的完整統治權，但有些領主只是口頭上承認，比如薩伏伊（Savoy）的勃艮第人；也有人公開反抗帝國的管轄，例如汪達爾人。這些人一方面尖銳地駁斥皇帝自稱的完整統治權，另一方面則在自己的朝廷效法帝國的統治方式。例如西班牙與高盧南部的哥德王國就在羅馬朝臣的協助下，開始修訂並更新有關財產與其他敏感事務的羅馬法律，侵占了原該屬於帝國的特權。

雪上加霜的是，帝國認可了某些有關基督教信仰的定義，哥德人和汪達爾人卻公開拒絕接受。在君士坦丁的時代，基督教會因為神學爭議分崩離析。因此，到了三二五年，君士坦丁在小亞細亞的尼西亞（Nicaea）召開基督教第一次大公會議（Ecumenical Council），既要商議教會的管理問題，也要解決最重大的神學爭議：若說聖父、聖子、聖靈三位一體（Holy Trinity），那麼聖父與聖子是否永遠平等並存？三八一年，狄奧多西一世又召開另一次大公會議，試圖釐清同一項爭議。

當時來自亞歷山大城的教士亞流（Arius）主張聖父的地位高於聖子，但兩次大公會議都駁斥他的學說。相較之下，蠻族卻贊同亞流，因為他們初次接觸福音時，正是亞流教派盛行的時期。此外，亞流的學說也有助於拉開他們與君士坦丁堡之間的距離。

君士坦丁堡的羅馬皇帝主張自己是奧古斯都的唯一傳人，對過去羅馬帝國的領域擁有合法統治權。隨著西羅馬帝國政權垮台、被眾多蠻族王國取代，皇帝的權力直接受到挑戰。六世紀初的君士坦丁堡政治圈很難忽視這個事實，他們看到皇帝自稱擁有帝國的完整統治權，卻明顯對過去的大片領土無能為力。於是，帝國政權的本質受到不少質疑與議論。

另外，六世紀初君士坦丁堡遭遇來自邊境的威脅與爭端，城裡政治局勢更為緊繃。五世紀時，東羅馬帝國與波斯的關係還算和緩，因為雙方統治者都感受到匈奴的威脅，於是合作對抗兩國之間的蠻族。或許就是因為這份與波斯的和平協議，東羅馬帝國才能順利度過五世紀的危機。

不過到了六世紀，兩國戰事再起。五〇二年波斯人進軍帝國所屬的敘利亞，君士坦丁堡認為這是無端尋釁。最後羅馬帝國承諾進貢，波斯人才同意退兵，但戰爭耗資龐大，還會令居住在帝國東部行省的百姓或在那裡擁有土地的人恐懼不安，比如君士坦丁堡位高權重的元老。基於元老的恐慌，敘利亞邊境薄弱的兵力對君士坦丁堡的政治局勢產生重大影響。

帝國與波斯重燃戰火，還有其他更深遠的含義。因為這麼一來皇帝勢必被迫提升帝國的軍事力量與防禦設施，這些都需要金錢，而金錢來自賦稅。據估計，羅馬帝國軍隊的經費占全國稅收的二分之一到三分之二。

然而，從四世紀中葉開始，羅馬帝國的皇帝發現徵稅的效率每況愈下。我們在第一章討論過，四世紀整個羅馬帝國出現一批政治新貴，他們在帝國最高行政機關任職，也擁有越來越多土地。這些人的高產莊園雖然有助於促進經濟成長，但對於國家財政，卻是非常不利的現象。

羅馬帝國晚期的稅收主要來自土地和耕種的人。政治新貴的崛起，代表著越來越多土地落入他們手中，這些人有官職有人脈，他們的資產輕易就能逃避課稅，而他們本身通常就負責收稅。

從四世紀晚期開始，這類地主逃漏稅的問題漸漸引起皇帝關切。另外，這些地主既有心也有力在其他方面藐視帝國法律，也令皇帝越來越憂心。比方說，他們會收買帝國軍隊來擔任私人土地的武裝守衛，或在自己的產業上非法建造監牢，用來脅迫或哄騙他們的工人。六世紀時波斯再度進犯，帝國面對壓力，只好在各行省強力執行皇帝的敕令與法規，以解決上述問題。

三八一年君士坦丁堡大公會議的餘波進一步削弱帝國的權威。這次會議有效終結帝國基督教會有關三位一體論的爭議，之後神學家與神職人員開始爭辯耶穌基督的神性與人性之間的關係，因為耶穌應該既是全人，也是全神。五世紀初君士坦丁堡有個名叫聶斯托利厄斯（Nestorius）的牧首提出一項論點，導致「基督論」（Christology）的辯論越來越激烈。聶斯托利厄斯的論點是，被視為君士坦丁堡守護者的聖母瑪利亞不該稱為「誕神女」（Theotokos），因為她只能生下人格的耶穌。

聶斯托利厄斯遭到解職後，敘利亞、埃及和其他地區教會有些人反對他的主張（其中以亞歷山大城牧首希里爾〔Cyril〕為首），拒絕承認四五一年迦克墩（Chalcedon）大公會議產生的基督論定義。他們認為，這個定義對那些執意區分基督神與人本質的人讓步太多。只是，大公會議的裁定效力等同於羅馬法律，想否決這些裁定，反抗的不只是神的意旨，還有皇帝的意旨。

查士丁尼即位初期就強勢因應這些挑戰，他在位期間因此成為拜占庭帝國演進史的分水嶺。查士丁尼大約在五二七年到五四四年推動各項改革，這些改革事實上殊途同歸。正如他在君士坦丁堡打造的雄偉建築聖索菲亞大教堂的圓頂，想要重拾帝國尊嚴，重申帝國支配一切的權威，要靠龐雜得令人迷惘的政策來支持，包括宗教、法律、各省行政部門、財務政策與帝國意識形態。

查士丁尼的首要任務，是重新掌控帝國子民的宗教生活。從五二八年到五二九年，登基不久的查士丁尼祭出的第一波手段，就包括全面迫害依然信仰異教的上層階級，另外就是打擊異端與同性戀。同樣地，五三二年查士丁尼首度設法調解教會內部贊同與反對迦克墩定義的聲音。一方面，他顯然真心努力找出所有人都能認同的神學立場。另一方面，他展現強硬決心，要處罰並驅逐帶頭反抗帝國權威的個別主教。

在此同時，查士丁尼決定在百姓的宗教生活裡扮演更積極的角色，因此需要一個意識形態上的正當理由。他比過去的皇帝更明確地表示，皇帝的權力和神職人員的權力都來自同一個神聖來源。帝國儀典的宗教氛圍越來越濃厚，以此強調皇帝擁有獨特地位，可以同時擁有神聖權力與俗世權力。

查士丁尼堅定地在百姓的宗教生活中占據核心位置，在此同時也想重新掌控朝廷的非宗教部門。從五二八到五三四年，查士丁尼的幕僚修改並編纂了帝國的民法。代代相傳的法律架構重新調整，以因應當代的需求。羅馬帝國有史以來第一次，皇帝成為法律獨一無二的正統來源。查士丁尼宣布，皇帝本人就是「法律的化身」。

隨著全新的法律架構成形，到了五三五年，查士丁尼也設法提升法律在百姓生活中的實用性。從五三五年到五三九年，查士丁尼立法規範至少十七個行省的行政與管理部門，避免各省總督在貴族地主的利誘下貪污腐敗，同時也確保重要稅金順利徵收。正如查士丁尼在五三九年對埃及頒布的敕令所說，各城市的參議員、地主與帝國官員的逃稅行為威脅到「我們國家的團結」。

這些目標一致的連串改革必然引發內部的反對，特別是既得利益的貴族，對於他們來說，帝國的積極管轄一點都不受歡迎。第一波、也是最激烈的反對聲浪在五三二年的尼卡暴動中爆發，最後皇帝血洗競技場，成功鎮壓暴民。

在此同時，查士丁尼也對帝國在東方、北方與西方的敵人展現強硬姿態，不惜重資在帝國與波斯和巴爾幹半島的邊境增建防禦設施，並且嘗試增加帝國對高加索與阿拉伯地區各族的影響力，方法包括傳教與改變信仰，以及財政援助或武力，逐步將他們拉進自己的陣營。

在軍事上，查士丁尼將重點放在東方和北方邊境。不過，五三〇年代北非汪達爾王國和義大利的東哥德王國政治動盪，他趁機起兵，企圖恢復帝國對這些地區的統治權。從很多方面來說，這些軍事行動有點像聖索菲亞大教堂的重建，雷聲大雨點小。他派往北非的軍隊大約只有一萬五千人；而對義大利的持久戰中，真正上戰場的恐怕不超過三萬人。

儘管如此，這些對西方的突襲行動頗有成效，五三三年到五三四年北非蠻族政權垮台，義大利在五三五年和五五三年之間收復。在五五〇年代早期，查士丁尼的軍隊甚至在西班牙南部建立據點。這些勝利讓帝國恢復在地中海中部與西岸政治、意識形態與軍事上的優勢（見地圖3）。

然而，從五四〇年代初期開始，查士丁尼登基最初十四年展現的雄心與自信漸漸消退，態度轉趨嚴謹。原因不一而足，首先，查士丁尼對波斯雖然寸步不讓，薩珊王朝依然屢次突破帝國的東部防線。五四〇年薩珊王朝統治者庫斯魯一世（Khusro I）突破羅馬帝國在美索不達米亞的防線，洗劫了安提阿。這件事讓歷史學家普洛柯庇斯深受震撼，他說，他記錄這場戰事的傷亡時，只覺「頭暈目眩」。

其次，從五五〇年代晚期開始，一支兵強馬壯的遊牧民族逃離政治與軍事不

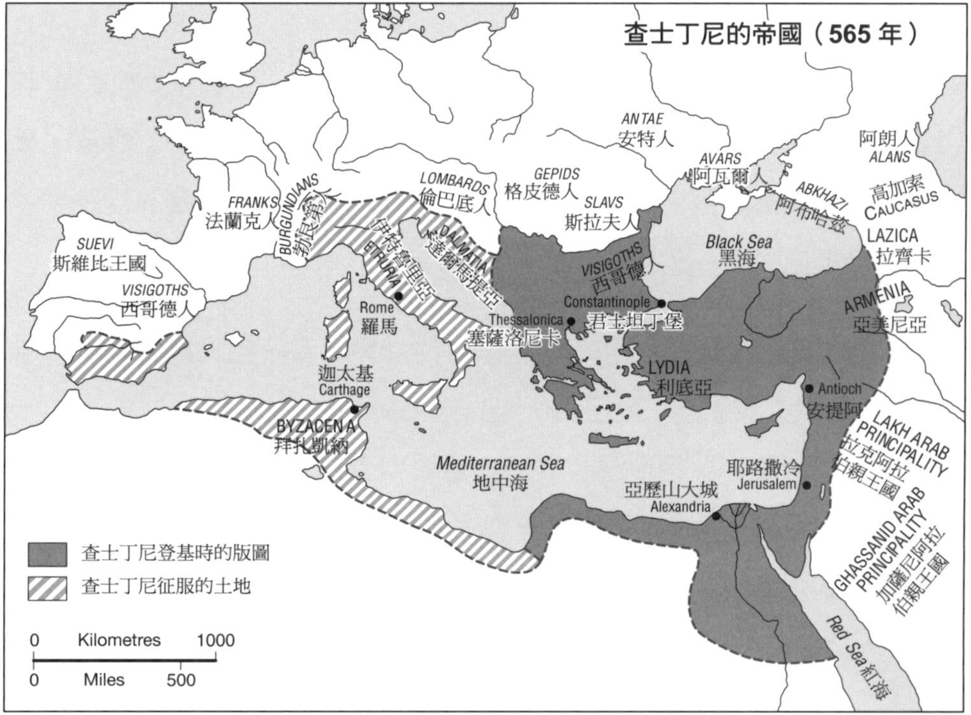

地圖 3 565 年查士丁尼的帝國版圖。（原圖見《牛津拜占庭歷史》，西里爾．曼戈編。牛津大學出版社授權重繪）

穩定的歐亞大草原，來到多瑙河北岸，帝國在巴爾幹半島的威權因此遭到侵蝕。當時西突厥王國（Western Turk Empire）擴張到高加索與黑海北側，阿瓦爾人被迫向西遷移，進駐多瑙河盆地。儘管一開始查士丁尼還能對阿瓦爾人施展他應對部族的策略，他們的到來終究不是好事。

更大的關鍵或許在於，查士丁尼的內政、財政與宗教政策都開始動搖。事態越來越明顯，迦克墩大公會議的爭議根本無解。到了五五三年的第二次君士坦丁堡大公會議，查士丁尼的神學家確實拼湊出一套方案，原則上應該能顧及各方面的立場。只是，到了這個階段，迦克墩爭議引發衝突已經變成慣例深植人心，宗教界因此並不熱中恢復教會的和平。

但最大的問題在於，五四〇年代腺鼠疫爆發，帝國遭到沉重打擊。這場疫病源於非洲中部，五四一年經由紅海（Red Sea）蔓延至帝國。疫情迅速從埃及擴散到君士坦丁堡、巴勒斯坦、敘利亞、小亞細亞、巴爾幹半島、北非與義大利。不論是第一波或後續連番捲土重來的疫情，都讓帝國的城市和後方的廣大內地遭受重創，帝國人口減少大約三分之一。這場災難受苦的不只是人，帝國仰賴的納稅人數也大幅減少。這又導致行政工作停頓，查士丁尼在各省推動的某些改革不得不喊停。

五六五年查士丁尼崩逝。正如當時的宮廷詩人科里普斯（Corippus）所說：「他的溘然辭世引發的震撼清楚顯示，他已經征服整個世界。在舉世哀悼中，只有他似乎為自己的虔誠面容欣喜。」在後來許多世代帝王的心目中，查士丁尼（見圖4）是偉大的，正如他在位時建造的宏偉建築也會長久在中世紀的君士坦丁堡占據主要地位。然而，查士丁尼的計畫雖然恢宏，他描繪的很多願景到最後都是一場失望。查士丁尼留給他的繼位者查士丁二世（Justin II, 565–74）的帝國雖然版圖擴大，卻明顯國力衰弱，財政不穩定。

圖 4　查士丁尼馬賽克壁畫（6 世紀），義大利拉文納市（Ravenna）聖維塔教堂（San Vitale）。（© mountainpix/Shutterstock.com）

赫拉克留斯與聖戰

不穩定的財政對查士丁尼的後繼者特別不利，導致他們難以因應日益緊迫的軍事需求。查士丁二世即位時表示，他「發現國庫負債累累，已經徹底枯竭」。因此，他不願意（或者該說沒有能力）繼續用金錢換取阿拉伯北部各族與巴爾幹半島的阿瓦爾人的支持。

阿瓦爾人在多瑙河以北站穩腳步後，查士丁尼「分而治之」（divide and rule）策略效果越來越差。斯拉夫人和倫巴底人（Lombard）都想逃離阿瓦爾人的統治，分別進入帝國在巴爾幹與義大利的領土。五六八年到五七二年之間，義大利北部大部分地區都落入倫巴底人手中。到了五八〇年代，巴爾幹半島從塞薩洛尼卡（Thessalonica）到雅典之間的眾多城市反覆遭到阿瓦爾人與斯拉夫人襲擊。阿瓦爾人的火力集中在北邊的平原，斯拉夫人利用山區高原與森林的掩護，一路向南攻城掠地。隨著軍事壓力升高，財政危機也加劇。到了五八八年，軍隊的薪餉刪減百分之二十五，導致帝國東部前線發生大規模叛變。

西元六〇二年，帝國軍隊越過多瑙河攻打斯拉夫人，當時的皇帝莫里斯（Maurice, 581–602）要求軍隊冬天繼續防守前線。軍隊原本就因為縮減薪餉對皇帝不滿，這時多瑙河駐軍一個名叫福卡斯（Phocas）的軍官登高一呼，整個軍隊公然叛變，攻進君士坦丁堡。叛軍殺害皇帝莫里斯和他的家人，推舉福卡斯繼位，這是自君士坦丁時代以來第一次成功的軍事政變。

隨著莫里斯倒台、福卡斯（602–10）繼位，帝國陷入漫長的內戰。波斯王庫斯魯二世把握機會進擊羅馬在高加索與敘利亞的陣地。到了六一〇年，波斯軍隊已經抵達幼發拉底河，次年繼續向安那托利亞邁進。波斯大軍勢如破竹，導致帝國政治動盪，情勢因此對波斯人更有利。六一〇年非洲總督之子赫拉克留斯（Heraclius）率領艦隊來到帝國首都大門外，意圖推翻福卡斯，福卡斯的支持者迅速倒戈，赫拉克留斯（610–41）於是登上帝位。

波斯人趁著羅馬帝國政局動亂，徹底拿下敘利亞和巴勒斯坦。六一三年敘利亞的大馬士革陷落，六一四年波斯軍隊乘勝追擊攻進耶路撒冷，大肆燒殺擄掠，還搶了真十字架送回波斯。到了六一五年，飽受戰火威脅的君士坦丁堡元老院致力尋求和平，派出高級使團與庫斯魯二世議和。使團稱庫斯魯二世為「至上的君王」，還說赫拉克留斯是庫斯魯二世「真正的兒子，急於為尊貴的陛下效犬馬之勞。」元老院心甘情願承認波斯帝國地位高於羅馬帝國，自稱羅馬皇帝是波斯汗王的附庸。庫斯魯二世的反應直截了當，他殺了使團，對羅馬毫不寬容，決心殲滅這個古老帝國。

波斯人的下一個目標是埃及。西元六一九年亞歷山大城淪陷，同一年整個埃及行省成為波斯領土。現在只等波斯人繼續向安那托利亞推進，而後揮軍直入君士坦丁堡。波斯人的攻勢帶給殘餘的羅馬帝國勢不可擋的壓力。赫拉克留斯面對艱難選擇：他可以等待波斯人兵臨城下，再展開一連串幾乎毫無勝算的後方保衛戰，或者他可以不顧一切主動出擊，來個絕地大反攻。赫拉克留斯選擇後者。

從六一五到六二二年，赫拉克留斯採取一系列緊急措施，盡力搜羅可用資源。官員的俸祿與軍隊的薪餉減半，政府部門全面改造。教會的金飾與銀箔被剝除，城裡的財物被搜刮一空。這些錢都用來籠絡西邊的阿瓦爾人換取和平，並且爭取外高加索（Transcaucasus）與淪陷區基督教人口的支持。為了增強效果，他還推動一波宗教宣傳，強調耶路撒冷淪陷的恐怖後果，並操弄當時十分盛行的末日恐慌心理。在此同時，赫拉克留斯建立一支擅長游擊戰、充滿宗教熱情的精良步兵，將這場戰事包裝成基督教對抗波斯異教徒的「聖戰」。

波斯兵力占優勢，在開闊的地形跟對方戰鬥毫無意義，赫拉克留斯知道他必須往北走到高加索山脈的高原區才有希望。到了那裡，他還可以要求當地的基督教公國派兵支援，屆時一支小規模的機動軍隊或許能智取人數占壓倒性優勢的敵人。

六二四年赫拉克留斯從君士坦丁堡出發，往幼發拉底河前進。這支羅馬軍隊攻進波斯的亞美尼亞，摧毀沿途的城市，又在波斯國教祆教

（Zoroastrianism）[1] 最重要的拜火廟蘇里曼聖殿（Takht-i-Suleiman）大肆破壞，算是報復波斯人在耶路撒冷殘殺基督徒。不久後赫拉克留斯就對當地的基督教大公發出號召，同時也派使節前往高加索北側與突厥商議，希望與這支令人聞風喪膽的草原部族結盟。

波斯人企圖在高加索山區和谷地尋覓並圍捕赫拉克留斯，卻連番失利，於是在六二六年聯合阿瓦爾人進攻君士坦丁堡，想藉此逼他現身。不過，正如我們在第二章討論過的，阿瓦爾人的突襲失敗了，據說是聖母瑪利亞顯靈干預。不只如此，赫拉克留斯沒有中計，繼續在高加索地區努力培植盟友。

到了這時，赫拉克留斯終於順利與突厥人結盟。西元六二七年，羅馬與突厥聯軍衝破波斯在高加索與裏海（Caspian）之間的北部防線，一路南下，直達波斯心臟地帶的扎格羅斯山脈（Zagros）。之後突厥人調頭往回走，赫拉克留斯繼續前進，最後抵達波斯首都泰西封城外，將周遭的富裕莊園與城鎮夷為平地，效法庫斯魯二世在小亞細亞的「焦土」策略。

泰西封的軍方與朝臣陷入恐慌，六二八年三月二十四日，赫拉克留斯獲知庫斯魯二世在政變中遭到罷免喪命，兩國展開協商，議定波斯將真十字架送回耶路撒冷，近東地區（Near East）[2]也重歸羅馬版圖。正如送回君士坦丁堡的勝利宣言所說，「神的敵人、傲慢的庫斯魯垮台了。他死了，被拋進地底深處，從此被世人遺忘。」

修復與崩塌

東羅馬帝國就這麼復原了，至少復原到一定程度。比方說，帝國將重點放在東方，在巴爾幹的威權就進一步削弱。六二六年波斯與阿瓦爾聯軍敗北後雖然漸漸凋零，一些獨立的斯拉夫部族卻是慢慢遷入巴爾幹的高原地區定居，並且向低

1 古波斯國教，相信火是唯一真神的本質與象徵，又稱拜火教。
2 早期西方世界的地理概念，以歐洲為中心，緊鄰的東部即為近東，大致等於目前的中東。

地擴散。

安那托利亞和小亞細亞的城市都因為戰爭耗盡了財力，其中不少慘遭波斯戰火蹂躪，百廢待興。在這個時候，帝國對敘利亞、巴勒斯坦與埃及的主權多半有名無實。存在已久的管理機制被打亂，仍然有待修復。只是，在修復之前，帝國防禦薄弱的廣大阿拉伯邊境已經出現新挑戰。

羅馬帝國與波斯在六世紀與七世紀初的敵對，導致兩國與南方的阿拉伯部族展開一系列軍事與外交互動。兩大強權將觸角伸進阿拉伯地區，勢必在各部族之間激發歷史學家所謂的「本土主義反動」（nativist revolt）。這些人會團結起來，排斥外來的干預，並且吸納從外面傳進阿拉伯世界的某些信念與觀點，在過程中打造出獨立自主的宗教與政治身分。

比方說，基督教和猶太教的傳教士都告訴阿拉伯人，他們的祖先是《聖經》裡的先知亞伯拉罕（Abraham）的長子以實瑪利（Ishmael），被亞伯拉罕趕到沙漠。那些傳教士還告訴他們，世界末日即將到來，神的審判就在眼前。這些概念結合其他更多非正統論點，在一個融合多種信仰的環境裡流傳。事實證明，這個環境適合孕育全新信仰系統與新形態的政治面貌。

到了六二〇年代，阿拉伯各部族合而為一，首領是來自麥加（Mecca）的宗教領袖穆罕默德（Muhammad，意為「受祝福的」）。穆罕默德宣揚絕對的一神教，他的教義深受當時基督教的末世災難說與當地猶太教的救世主狂熱影響。

他告訴信徒，神的審判確實就在眼前，所有人都必須順從唯一的神的意旨。更重要的是，所有阿拉伯人都必須放下他們承襲的宗教傳統與政治爭鬥，擁抱新信仰。穆罕默德說，神承諾將聖地永遠賜給亞伯拉罕長子以實瑪利和他的後裔，阿拉伯人身為以實瑪利的後裔，神會對他們履行承諾。或許受到赫拉克留斯對抗庫斯魯二世的宣傳用語影響，穆罕默德說，阿拉伯人必須發動聖戰才能返回聖地。

穆罕默德據說在六三二年過世，但他的教義流傳下來。羅馬與波斯兩大強權戰後兵疲馬困，早先在阿拉伯地區建立的附庸網路隨之瓦解，阿拉伯北部、敘利亞南部與伊拉克南部因此處於權力真空狀態，穆罕默德創立的信仰團體烏瑪（Umma）迅速入主這些地區。

從六三三、六三四年開始，阿拉伯人凶殘地侵略羅馬所屬的巴勒斯坦，屠殺鄉村的百姓，襲擊大城與小鎮。雖然阿拉伯軍隊的規模不算大，帝國官方卻顯然沒有能力有效抵擋。阿拉伯人進犯的消息似乎傳遞困難，迅速推移的戰線沒有留給帝國軍隊太多時間重新整編。

面對這樣的情勢，外約旦（Transjordan）、巴勒斯坦與敘利亞部分城市索性投降。耶路撒冷被占領的時間可能是在六三五年底（但有很多學者主張時間晚得多），六三六年一支規模龐大的羅馬軍隊在約旦北部的雅爾穆克河（Yarmuk River）大敗。接下來阿拉伯軍隊勢如破竹，羅馬軍隊一路落敗，退到了埃及。由於羅馬軍隊不堪一擊，阿拉伯人於是擴大侵略範圍，波斯很快遭到阿拉伯突襲，在六五六年亡國。

東羅馬的將領被逼退到安那托利亞和小亞細亞時，才有能力阻擋阿拉伯人的攻勢。七世紀早期，帝國發生內戰，加上跟波斯的多年戰事，顯然造成長久的傷害，六四一年赫拉克留斯過世後，帝國再度解體。如今拜占庭的東羅馬帝國面臨第二次生死存亡關頭，這次的掙扎將會是帝國中世紀早期歷史的主調。

古典時代的結束

伊斯蘭這個宗教與阿拉伯這個族群，都是古典時代晚期的產物，更是東羅馬與波斯戰火在阿拉伯北部創造出的政治與宗教情勢的產物。不過，阿拉伯在七世紀初的勝利，清除了東羅馬與波斯的政治對立，有效摧毀古典世界。

六四〇年代的東羅馬帝國不論政治、軍事或人口都處於崩潰狀態（人口是由於腺鼠疫反覆侵襲），帝國已經太疲弱，即使剛成立的伊斯蘭帝國內部發生兩次內戰，君士坦斯二世（641–68）和兩度稱帝的查士丁尼二世（685–95, 705–11）也沒有能力趁機將他們擊退。然而，與波斯帝國不同的是，東羅馬帝國存活下來了。它之所以能存活，靠的主要是出色的治國之道。

從查士丁尼與赫拉克留斯的統治手法不難看出，東羅馬帝國在政治與文化上極具創造力。舉例來說，查士丁尼推動司法改革，介入基督教教義的發展與形成，有效重新定位帝國公署，並且打破民間社會與宗教界殘存的壁壘。在他治理下，帝國實質上是個宣信國家（confessional state）[3]，宗教與政治合為一體。赫拉克留斯使用「聖戰」這個口號，將這項發展提升到更高的層次，變成想像中的真實。

另外，正是在赫拉克留斯時代，在為他的朝廷設計的宣傳口號裡，首度將君士坦丁堡稱為「新耶路撒冷」，帝國的虔誠百姓則組成「新以色列」。赫拉克留斯以希臘語的巴西琉斯（basileus）自稱，在希臘文《聖經》裡，這個詞指稱

《舊約》裡的君王。在此同時，赫拉克留斯在位期間展現了創新又大膽的軍事與戰略思維，比如採用游擊戰術對抗波斯人，策畫「宏觀戰略」，與歐亞大草原西部主要的遊牧民族結盟，謀求帝國的生路。

到了赫拉克留斯之後的七、八世紀，這種創新思維更是突出，早期那些新興策略如今變成常態操作。比方說，在查士丁尼二世的政治宣傳中，最鮮明的是拜占庭人組成新以色列這個概念。查士丁尼二世鑄造的金幣印有寓意甚深的「萬王之王」基督半身像（見圖5），強勢表達羅馬帝國與基督教的融合。

特別的是，那段時期的帝王對帝國行政系統進行徹底改革：過去的政府部門有些整個裁撤，比如舊時帝國仰賴的東方禁衛軍辦公室；過去羅馬軍方的軍團組織和糧草供應制度也取消。軍方劃分成新單位，稱為「軍區」（themata）。各軍區士兵的薪餉一部分是現金，另一部分則是軍方的土地。這些土地可以供士兵

3 指官方制定或推廣特定宗教的國家。

圖 5　查士丁尼二世的金幣，印有「萬王之王」基督半身像（7 世紀晚期）。（Saint Louis Art Museum, Missouri, USA/Museum purchase, by exchange/ Bridgeman Images）

的家人耕種，他們的後代也可以為軍隊服務換取繼承權。帝王以這種方式掌控新興農民士兵的經濟利益，確保帝國的生存。

過去各行省的行政部門全數廢除，整個帝國的領土重新劃分，最初稱為小型軍區（strategiai），各自劃歸某個特定軍區的防禦體系。最後，這些新的小型軍區也統一稱為軍區，設置一名統帥（strategos）總攬區內的內政與軍事。拜占庭行政組織軍事化，與要塞城市由統帥坐鎮管理密切相關，這些城市的名稱也慢慢變成軍營（kastra）。

軍區的統帥直接對皇帝和他的宮廷負責，皇帝也會定期派欽差前往稽查，這些欽差扮演皇帝在各行省的耳目。因此，七世紀晚期到八世紀的拜占庭帝國核心版圖，可能是中國以西管理最嚴謹的地區（見地圖4）。

拜占庭治國之道受到肯定，也可以說是社會變遷的結果。我們先前討論過，查士丁尼在位時，各省主要還是掌握在君士坦丁時代以來的政治權貴手中。只是，這個精英階級多數成員的財富與產業都毀於七世紀的戰爭中，因此，他們就算還擁有權力，只怕也所剩無幾。

在地方的層面上，這表示徵稅會更順利，皇帝也會強力執行，不必考慮舊時代豪門世家的利益與心思。這點很重要，因為雖然帝國很多地方經過波斯與阿拉伯人的戰火，依然是廢墟瓦礫，但在君士坦丁堡周遭、小亞細亞西北部的比提尼亞（Bithynia）和小亞細亞西部沿海，地方經濟依然繁榮，幾乎重現古典時代晚

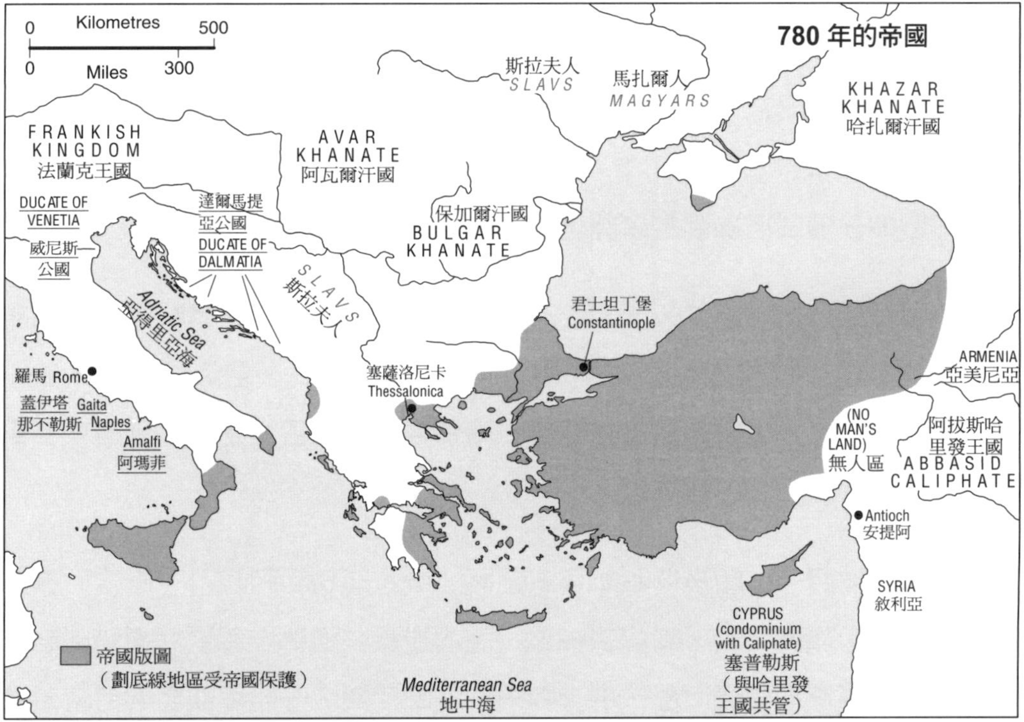

地圖 4　780 年的帝國。（原圖見《牛津拜占庭歷史》，西里爾．曼戈編。牛津大學出版社授權重繪）

期的成熟與富足。這些地區已經有能力納稅，而這些稅收可以幫助拜占庭對抗阿拉伯人。

同樣地，據說七一三年皇帝菲利皮科斯．巴達尼斯（Philippiko Bardanes）宴請出身古老家族的元老，儘管如此，這些家族在宮廷的影響力已經漸漸式微，被新一代的官員和來自亞美尼亞或高加索的軍事強人取代或吸收。

因此，一批新的王公貴族或宮廷大臣精英階級出現了，這些人在經濟上更依賴帝國，在意識形態上或許也更忠誠。當然，站在帝王的角度，這些人比過去的元老院貴族更順從。於是，度過七世紀危機的拜占庭帝國，版圖雖然小得多，皇帝的權力卻明顯提升。

第四章

拜占庭與伊斯蘭

界定敵人

到了七世紀末，拜占庭官方已經看出，阿拉伯人的攻勢不會曇花一現，創造赫拉克留斯式的「大聯盟」並不足以阻止他們。相反地，一個全新的超級強權對手取代了波斯人，年復一年從阿拉伯在敘利亞的主要軍事基地發動一波波攻擊，持續威脅東羅馬在安那托利亞和小亞細亞僅剩的領土。

確實，在六五四年和七一七年，阿拉伯人甚至兵臨君士坦丁堡城下。而在六七四年，阿拉伯軍隊企圖從小亞細亞海岸登陸，帝國動用全新祕密武器「希臘火」，才成功將他們逼退。希臘火是一名來自敘利亞的基督徒難民獻給拜占庭最高指揮部的武器。

不過，拜占庭人如何看待他們的新敵人？在七世紀阿拉伯人進犯的初期階段，烏瑪軍隊的成員除了受到穆罕默德號召加入一神教信仰的阿拉伯部族之外，似乎還有不少阿拉伯的基督徒和北阿拉伯的猶太人。這麼一來，外人很難劃分或判定這支軍隊的宗教屬性。更麻煩的是，這時的伊斯蘭本身還處於創始階段，還沒有辦法跟如今偶爾被稱為基督教與猶太教之外的其他「亞伯拉罕宗教」徹底區分。

因此，當時有些學者認為，穆斯林本質上是猶太教徒。鑑於穆斯林自稱依據摩西（Moses）的律法敬拜《舊約聖經》的神，並且否認基督的神性，這個假設不算太不合邏輯。也有人認為伊斯蘭教最初是基督教的一支異端，比如八世紀的正教神學家兼修士大馬士革的約翰（John of Damascus）。同樣地，這種論點也不難理解，因為穆斯林的《古蘭經》（*Qur'an*）在許多議題上採取的立場，符合當時的基督教非正統見解與諾斯底教派（Gnostic）[1]思想，比如否認基督的神性與受難，在此同時又崇敬瑪利亞這個人物，承認童貞生子。站在拜占庭的視角，伊斯蘭顯然是基督教的衍生物。

1 基督教教派之一，自稱擁有高級知識，這種知識不是來自《聖經》，而是來自某個神祕的更高存在。

從很早期開始，研究伊斯蘭的拜占庭學者與評論家就認為，穆罕默德傳播的教義以宗教為暴力辯解，是伊斯蘭運動的關鍵特點。這或許有點諷刺，因為伊斯蘭崇尚的「吉哈德」（Jihad）[2]概念出現的時間點，赫拉克留斯正在宣揚以「聖戰」對抗異教的波斯人，聲稱捍衛信仰而死的人可以直接上天堂。到了中世紀末，拜占庭人對伊斯蘭的觀點基本上還是一樣：穆罕默德的教義除了凶殘的暴力之外，既無新意也非原創。誠如東羅馬帝國巴列奧略王朝的曼紐爾二世（Manuel II Palaiologus, 1391–1425）所說，「列舉穆罕默德提出的新觀點，你會發現只有殘酷與野蠻，比如他要求用刀劍傳播他教導的信仰。」

然而，隨著穆斯林逐漸鞏固在近東與中東的統治權，這個新宗教的輪廓越來越清晰。在這個過程中，奧瑪亞王朝（umayyad）的哈里發（Caliph）[3]扮演重要角色。奧瑪亞王朝於七世紀後期到八世紀中葉統治整個伊斯蘭帝國，歷代哈里發坐鎮首都大馬士革，親自指揮對君士坦丁堡的吉哈德，也主持基督教、猶太教與穆斯林學者的正式辯論會，有助於擴大伊斯蘭教的定義。他們也建造雄偉的建築，大幅提升自己宗教的能見度，比如大馬士革的大清真寺和耶路撒冷的圓頂清真寺（Dome of the Rock）。另外，他們在鑄造的金幣上印製穆罕默德的名字（或許還有圖像），以便取代依然在伊斯蘭統治下的羅馬領土流傳的真假拜占庭錢幣。

如第三章所言，查士丁尼二世為了回應伊斯蘭的貨幣改革，開始鑄造印有萬王之王基督圖像的金幣。當時的哈里發阿卜杜勒・馬利克（Abd al-Malik）在大馬士革還擊，引用早期猶太教批評家對基督教信仰的譴責，指責基督教對聖像的崇拜（以及皇帝的新金幣）是偶像崇拜的行為，違反《十誡》[4]第二條「不可雕刻偶像」。這麼一來，反對聖像首度成為伊斯蘭信仰的基石。值得一提的是，從此以後哈里發王朝發行的錢幣都只有抽象圖案。

2 後世多譯為「聖戰」。此字本義有「奮鬥」的意思，對內指鍛鍊自己的心靈，比如約束欲望，安於貧窮，對外則是以暴力或非暴力手段對抗伊斯蘭的敵人。

3 伊斯蘭宗教與俗世的最高統治者。

4 即摩西十誡，根據《舊約聖經・出埃及記》，神透過先知摩西頒布十誡。

敵對與模仿

在七世紀末拜占庭與伊斯蘭的敵對中，聖像的爭議成為重點。這件事頗有啟發性，因為它代表著從那個時間點開始，近東地區的主權爭奪戰在一定程度上漸漸趨向意識形態的對抗。拜占庭的皇帝與伊斯蘭的哈里發全力爭奪《舊約》構築的象徵世界，因為雙方共享這個象徵世界，也都想靠它來證明自己的正當性。

另外，阿拉伯的新統治者借用了羅馬的思想與建築元素，據為己有。比方說，耶路撒冷的圓頂清真寺酷似當時拜占庭的基督教建築，大馬士革的大清真寺是依據羅馬建築原理建造而成，內部也裝飾了精緻的馬賽克圖案，材料更是來自君士坦丁堡的外交贈禮。阿卜杜勒・馬利克和他的後繼者自稱「阿拉的代理人」（khalifat Allah），而長久以來羅馬與拜占庭帝王正是用這種方式解說自己的權力的本質。

只是，模仿從來不是單向的。前面談到過，從六九〇年代開始，大馬士革的哈里發譴責基督教徒崇敬基督、瑪利亞與聖徒的圖像，認為這是一種偶像崇拜，違反《十誡》的第二條。跡象顯示，伊斯蘭哈里發亞茲德二世（Yazid II, 720-4）很可能更進一步，下令摧毀穆斯林轄區內基督教禮拜堂的這類圖像，並且重新粉刷教堂。值得注意的是，八世紀初的拜占庭也面臨越來越嚴重的軍事與政治危機，很多人認為這表示東羅馬帝國已經失去神的眷顧，雖然阿拉伯人在七一七年到七一八年圍攻君士坦丁堡失敗，但這種不祥預感在七二六年更加明顯，因為錫拉島（Island of Thera）[5]火山爆發，災情慘重。

失去神的眷顧總得有原因。更早期的拜占庭人會歸咎基督論這種異端邪說，但此時帝國教會遵循的基督論教義是查士丁尼在六世紀制定的。站在八世紀的視角，查士丁尼是相當成功的統治者，他的正統性不容質疑。更甚者，反對基督論官方定義的人這時大多生活在伊斯蘭占領的敘利亞或埃及，顯然沒有得到神的認同。相反地，不管朝廷、宗教界或軍方好像都有人覺得，或許穆斯林說得有點道

5 位於希臘東南方，即現今的聖托里尼島（Santorini）。

理：神之所以不高興，是因為基督徒崇拜偶像。

到了七二七年，這種論調好像得到證實，當時一支氣勢凶猛的阿拉伯軍隊圍攻尼西亞城失利。尼西亞就是三二五年君士坦丁大帝召開第一次大公會議的地點。據說在圍城的過程中，一名也叫君士坦丁的拜占庭士兵對聖母的畫像扔石頭，甚至用腳踩。於是，有人說尼西亞城能夠倖免於難，是因為士兵君士坦丁的那一番舉動。不過這件事只見於比較晚期的文獻，而且內容不乏偏頗與惡意。

不久之後東羅馬皇帝李奧三世（Leo III, 717–41）發布敕令，宣稱「聖像的製作是盲目崇拜的技藝：不可以敬拜偶像。」為了重獲神的眷顧，李奧三世這時已經開始強迫猶太人受洗。有趣的是，日後他會被批評為「薩拉森人思維」（the Saracen-minded）[6]。李奧三世的兒子兼繼位者君士坦丁五世遵循他的政策，而且更為雷厲風行，後來被惡意戲稱為「以糞為名者」（Copronymous）。七五四年他在海爾里亞（Hieria）召開宗教會議，擴大補充李奧三世敕令的細節，就此開啟一場名為「毀壞聖像」（iconoclasm）的運動，拜占庭教堂裡究竟能不能放置聖像，也成為爭執不休的議題。

投入這場爭端的人卻沒有太多神學資料可供運用。可以確定的是，從很早期開始，聖像崇拜就是基督教信仰的一環。不論是敘利亞杜拉歐羅普斯（Dura-Europos）古城挖掘出的基督教教堂，或羅馬的地下陵墓，都可以證實這點。從六世紀起，聖像在羅馬帝國的官方信仰中地位越來越重要。在帝國的儀典中，遊行隊伍高舉聖像在街頭穿行，有時也被帶上戰場，希望得到神的支持。

在大眾信仰（popular religion）的層次，聖像的崇拜已經是確立的事實。重點是，早期基督教作家並沒有對這種聖像崇拜行為發表任何反對言論，更別提當時的希臘文著作。顯然沒有人認為崇拜聖像有什麼不對。因此，不管反對陣營或贊成陣營，都沒有太多現存的神學著作可供佐證。到最後反對派只能依靠《十誡》第二條，而贊同敬拜聖像的人只能訴諸教會現存的傳統。

6 薩拉森是早期基督徒對穆斯林的稱呼。批評李奧三世的是東正教與羅馬天主教聖徒堅信者塞奧法尼斯（Theophanes the Confessor, 756–818）。

反對派勉強算得上有政治依仗，因為大張旗鼓反對崇拜聖像的帝王，比如李奧三世，尤其是君士坦丁五世，在軍事上都頗有建樹，因此軍中普遍認同反對派。舉例來說，七八七年有一場大公會議試圖恢復聖像崇拜，卻遭到士兵的阻撓而擱淺，因為那些士兵懷念君士坦丁五世，推崇他的神學主張。

直到八世紀末、九世紀初，軍事勝利與反對偶像崇拜之間的相關性開始鬆動，聖像崇拜終於復興，贊成派才能在八四三年取得所謂的「正信勝利」，毀棄聖像的政策終於正式廢止。雖然這段時期聖像遭到破壞的規模與程度可能被誇大了，但該不該禮拜聖像的辯論已經在拜占庭的宗教與藝術傳統中留下深刻的印記（第六章會再討論到）。

不過，我們別忘了，這個爭端之所以出現，起源於拜占庭與伊斯蘭的互動。這場毀壞聖像運動透露，拜占庭在八到十世紀的發展與演進，是因為迫切需要應付並阻止伊斯蘭這個大敵。

邊境社會

這段時期的大多數時間裡，拜占庭對抗阿拉伯人的戰爭主要是後衛戰，以防守為主。七世紀晚期阿拉伯人在高加索地區建立有效的領主地位之後，拜占庭已經沒有能力阻止阿拉伯人大規模侵略。尤其阿拉伯人控制亞美尼亞之後，有效掌控東西方的通道，得以長驅直入安那托利亞高原。拜占庭被迫採用當初赫拉克留斯對抗波斯人的游擊戰術。

拜占庭與伊斯蘭之間的東方邊境多為崇山峻嶺，只有幾個地方例外，一是小亞細亞這片最容易受攻擊的脆弱低地，阿拉伯人經常從此地東南部的塔爾蘇斯（Tarsus）揮軍入侵。另外就是地勢高低起伏的安那托利亞，以及幼發拉底河流域阿拉伯人統治下的富饒城市，這些地方被從亞美尼亞火山帶向南延伸的廣大山脈隔開。這些高山地形最巍峨的地勢海拔超過四千公尺，其他多半介於一百五十公尺到兩千公尺之間。

控制這些山區的通道因此成為首要戰略。拜占庭人發現，只需要為數不多的軍隊就能達到這個目的，於是在山區通道設置名為「要衝區」（kleisourai）的強化防禦工事，方便襲擊入侵的敵人。不過，最後他們也意識到，帶著大批戰利品與俘虜從帝國領土返回哈里發王國的敵軍，會比剛進犯的敵軍更好對付。

高聳山脈的兩側都是平原，夏季乾旱缺水塵土飛揚，冬天則是刺骨嚴寒，基本上只有春天適合舉兵。這種氣候條件下，阿拉伯軍隊主要選用輕騎兵，拜占庭則試圖運用當地軍區的步兵加以對抗。阿拉伯人入侵期間，平民百姓都被遷移到山區要塞和寬敞的地下堡壘。於是，據說由尼西弗魯斯二世（Nicephorus II Phocas, 963–9）撰寫的軍事專文「論小規模戰鬥」（On Skirmishing Warfare）建議，「妥善撤離戰區的居民，將他們安置在險要的高山地區。」同樣地，十世紀阿拉伯吟遊詩人穆塔納比（Muttanabi）寫道，拜占庭百姓「藏在岩石中或洞穴裡，像躲在地底深處的蛇。」

阿拉伯人的軍事攻擊規模有時相當龐大。八、九世紀的哈里發可以調動整個穆斯林世界的資源，會一舉派出多達十萬名士兵進攻拜占庭，哈倫．拉希德（Harun al-Rashid）就是一例。當時拜占庭帝國全部兵力加起來大約也只是這個數目。對於這個時期的拜占庭帝國，一場戰事能集結兩萬名士兵，就已經很了不起。因此，正面迎戰齊心協力的伊斯蘭世界，根本無濟於事。相反地，拜占庭必須跟對手打一場長久的消耗戰，等待伊斯蘭世界慢慢分崩離析。

然而，邊境地區並不是封閉的世界，只在戰爭季節才被進犯的軍隊穿透。即使在七、八世紀，邊境可能已經有規模不小的貿易活動。有不少資料證實，在拜占庭與阿拉伯官方監控下，邊境確實存在高層級的交易。

七世紀末查士丁尼二世鑄造基督像金幣之前，拜占庭官方似乎向阿拉伯邊境地區輸出金幣與鑄造低面額錢幣的青銅。根據伊斯蘭史料，穆斯林也對拜占庭提供埃及的紙莎草（papyrus）。我們提到過，根據記載，十世紀有阿拉伯商人（特別是紡織品商）定居君士坦丁堡，而在黑海的貿易重鎮特拉比松（Trebizond），拜占庭與阿拉伯兩國之間存在大量交易活動（雖然大多透過亞美尼亞中間商）。

除了這種官方監控的「高層級」交流，邊境社會的平民百姓之間也發展出自主的交易模式。誠如前面提到過的，邊境並非滴水不漏，那裡不是界線分明的分隔領域，而是主控權略顯模糊的地帶。基於邊境的本質，雖然拜占庭控制區與穆斯林控制區（不少人信奉基督教）的居民宗教信仰與戰爭體驗各自不同，雙方卻自然而然形成互惠關係。

特別是，阿拉伯統治下的城市經濟繁榮，對商販和求職者有天然的吸引力。阿拉伯歷史學家伊本・艾西爾（Ibn al-Atir）記載，九二八年時大約有七百名拜占庭人和亞美尼亞人帶著鶴嘴鋤前往阿拉伯統治的馬拉蒂亞城（Melitene），打算出賣勞力換取溫飽。當然，這些「工人」後來被發現是由士兵偽裝，但更意味深長的是，他們認為偽裝成工人是可行的計策。

不只如此，到了十世紀，拜占庭東方邊境的社會已經被重要軍閥的家族掌控，這些軍閥通常是亞美尼亞人或高加索人，甚至是信仰基督教的阿拉伯人後裔，過去都曾經帶領當地人抵抗入侵者。在文化與習俗方面，這些家族跟他們在敵方統治區內的亞美尼亞、庫德族與穆斯林阿拉伯同胞有許多共同點。比方說，拜占庭統治的卡帕多奇亞（Cappadocia）和阿拉伯統治的敘利亞北部的豪華住宅建築風格極為相似。這些軍閥家族有能力建立跨國界的聯盟，比方說，有不少阿拉伯軍閥向拜占庭投誠，相對地，九七九年拜占庭東方將領巴爾達斯．斯科萊魯（Bardas Skleros）企圖罷免皇帝巴西爾二世（Basil II）失敗，逃往哈里發王國。

邊境區也有跨國新娘市場。有一首傳統拜占庭史詩以東部邊境為背景，其中神話般的主角第傑尼斯．阿克里塔斯（Digenis Akrites）據說便是羅馬與阿拉伯混血兒，他的名字 Digenis Akrites 意思就是混血兒。因此，不論文學或考古文獻都告訴我們，邊境社會的樣貌漸趨彈性，經濟與個人的關係超越政治與宗教的隔閡。

戰場的盛衰

奧瑪亞王朝歷代哈里發（比如阿卜杜勒．馬利克）在大馬士革有效治理整個「吉哈德王國」，他們的首要任務是主動發兵攻打拜占庭。不過，到了八世紀中葉，一場內戰撕裂了哈里發王國，導致奧瑪亞王朝滅亡，阿拔斯王朝（Abbasids）取而代之。阿拔斯王朝主要的支持力量來自東方的舊波斯領土，那裡的百姓改信伊斯蘭教最為踴躍。奧瑪亞對皈依後的穆斯林徵收只有基督徒、猶太人和祆教徒才需要繳納的賦稅，導致情勢日益緊繃。

因此，阿拔斯王朝放棄敘利亞，將首都遷往伊拉克，在地理位置上更接近自己的地盤。他們在首都巴格達（Baghdad）放眼王朝的政治版圖，東到阿富汗與印度，北到高加索、裏海與歐亞大草原，跟西方的拜占庭距離大約相等。因此，對君士坦丁堡發動吉哈德不再像過去的哈里發王朝那般積極，拜占庭東方邊境的壓力於是開始趨緩。

此外，八世紀中葉阿拔斯王朝爆發革命，導致伊斯蘭世界更廣泛地分裂：分別在七世紀晚期與八世紀初期奪下的北非與西班牙依然效忠奧瑪亞家族；埃及與其他地區也出現獨立的政權。這些地區的百姓陸續成為伊斯蘭教徒，統治者與被統治者之間的認同感越來越強，有助於產生越來越多地方勢力。這些勢力表面上繼續服從哈里發王朝，實際上卻越來越獨立。

到了九世紀末，阿拔斯王朝的心臟區伊拉克發生更激烈的權力鬥爭，王朝從內部被掏空。也就是說，從這時開始，拜占庭對抗的不再是東方邊境團結一致的伊斯蘭敵人。相反地，對君士坦丁堡發動聖戰的主導者漸漸變成邊境的將領，比如敘利亞北部阿勒坡城（Aleppo）的王公。雖然伊斯蘭世界的志願者持續趕往敘利亞北部，投入對抗異教徒的戰爭，這些邊境將領帶領的軍隊規模通常小得多，而非過去那種哈里發大軍。由於伊斯蘭世界持續分裂，當時的權力均勢漸漸對拜占庭有利。

主張毀壞聖像的君士坦丁五世在位時，拜占庭東方邊境的軍事情勢相對穩定，這也是他在軍事方面受到肯定的原因。東羅馬帝國趁著東方邊境壓力減輕，著手推動內部改革，並且重申對希臘本土與巴爾幹南部的主權（見第五章）。

另外，全新的軍事情勢也讓拜占庭有餘力控制七世紀的危機，並且逐漸克服。幾乎一年一度的軍事侵略停止後，拜占庭的都市與農業經濟開始復甦。此外，君士坦丁五世時代之後腺鼠疫終於消聲匿跡，帝國的人口再度成長。

當時各軍區將領坐鎮指揮的軍營配備強化的防禦工事，這些據點漸漸變成熱鬧市集的所在地，進一步刺激周遭鄉間的農業與手工技藝活動，當地經濟體內部的商品變現機制也更上層樓。士兵原本每三到四年才能得到皇帝發下的現金津貼，如今每年都能獲得薪餉，進一步刺激經濟成長，飽經戰亂的淪陷區也開始重現古典時代晚期的成熟面貌。

九世紀晚期，拜占庭不但經濟明顯漸趨成熟，行政和軍事領域也是如此。行省軍區的數量增加了，便於加強行政管理。資料顯示，軍區裡的行政官也重新掌權。早先在猛烈的戰火中建立的行政制度，如今漸趨穩定，歸於常態，不需要忙著應對危機。當安那托利亞西部與小亞細亞的軍事情勢趨緩，不再被迫採取防衛性游擊戰，這些地區的軍區步兵似乎越來越類似「地方衛隊」，轉型為民兵部隊，偶爾配合演習活動定期動員，越來越少參與實戰。

九世紀末，伊斯蘭世界的軍事與政治分裂到一定程度，拜占庭皇帝終於可以認真考慮改守為攻，奪回赫拉克留斯和他的王朝統治過的領土。這種以擴大版圖為目的的軍事行動，最能發揮成效的是騎兵，而非步兵。

拜占庭與阿拉伯交戰過程中的擴張階段，是從八六三年開始，當時一支驍勇善戰的阿拉伯軍隊在安那托利亞哈里斯河（Halys river）流域的波森（Poson）潰敗，此後拜占庭軍隊似乎越來越積極主動。到了十世紀初，由東方軍閥率領的拜占庭軍隊因為對地形熟悉，加上世世代代與阿拉伯人作戰累積出經驗，已經有能力進逼亞美尼亞、奇里乞亞（Cilicia）和敘利亞北部的阿拉伯統治區。於是，到了九三〇年代，拜占庭將領約翰．庫爾庫阿斯（John Curcuas）帶著勝利隊伍前進馬拉蒂亞和薩摩薩塔（Samosata）等城市，並且開始跨越幼發拉底河。

到了九六一年，出身東方邊境領主家族的皇帝尼西弗魯斯二世征服了戰略要地克里特島（Crete），九六五年羅馬軍隊攻占塔爾蘇斯城和地中海的塞普勒斯島，到了九六九年，安提阿與阿勒坡雙雙重回羅馬懷抱。九七六年巴西爾二世位時，拜占庭的主權已經擴展到敘利亞，這是他的前任約翰·齊米斯克（John Tzimisces, 969–76）在前一年率領軍隊創下的功績。

西元一〇〇〇年和一〇二二年，拜占庭分別攻下喬治亞王國（Georgia）與亞美尼亞，拜占庭的勢力於是向北延伸到高加索地區。而在西方，帝國最後會消滅保加爾汗國（Bulgar, 1001–18）。保加爾汗國是七世紀阿瓦爾人垮台後出現在巴爾幹北部的國家，曾經跟帝國激烈爭奪緊鄰君士坦丁堡的腹地色雷斯。到了一〇三八年，拜占庭又從阿拉伯人手中奪取西西里島的墨西拿（Messina），代表著帝國在義大利南部殘存的控制權逐步增強。

於是，到了十一世紀早期，拜占庭上演了精彩的大反撲，帝國恢復六世紀末的地位，重新成為基督教世界第一強權。帝國之所以能達成這個目標，主要是因為採取漸進式策略各個擊破，一次攻占一座城市和它的腹地。

拜占庭皇帝注意到，帝國能夠再度擴張，正正當當奪回舊有領土，主要歸功於敵人的不團結。另外，即使巴格達或耶路撒冷這類重要目標看似唾手可得，他們也寧可迴避，以免整個伊斯蘭世界團結一致，齊心協力發動拜占庭自認無力抵擋的聖戰。經過與伊斯蘭長達四百年幾乎不停歇的戰鬥，拜占庭皇帝對敵人已經瞭如指掌，不會犯這樣的錯。正如所有越級挑戰的拳擊手，拜占庭皇帝每次出擊前，都會精心瞄準目標。

第五章

生存策略

歷史與外交

七世紀時波斯人與阿拉伯人相繼入侵，拜占庭陷入深深的危機。到了十世紀早期，帝國就克服中世紀初的險難，開始收回東方與西方的失土。這驚人的事實證明，這段時期拜占庭的治國之道可說是有效、實用又創新。尤其，帝國能隨著快速變換的戰略布局自我調整，修正外交與軍事的優先次序。

這種能力是在四世紀末時首度展現，當時君士坦丁堡的當權者意識到帝國面臨匈奴的威脅。匈奴似乎來自中國，從四世紀中葉開始西遷，進入歐亞大草原西部，也就是從中國東北部到烏克蘭西部那片廣大的平野和草原。那些人都是剽悍的騎士，擅長使用一種輕巧的複合弓，成為殺敵致勝的利器。

中國人很久以前就熟悉這個草原遊牧民族，也知道他們的可怕，羅馬人則是在四世紀晚期才首度遭逢這樣的對手。先前討論過，羅馬人迅速跟波斯人達成和平協議，也不惜巨資大手筆加強君士坦丁堡的防禦。在此同時，他們也分析匈奴，試圖向他們學習，比如招攬具備騎兵技能的傭傭兵，師法匈奴的箭術。

羅馬人很快發現，像匈奴這種遊牧民族，以及隨後在六、七世紀來到的阿瓦爾人與突厥人等草原部族，他們能凝聚人心建立王國，主要靠統治者可汗（Khagan）的威望和子民對他的畏懼。六世紀拜占庭軍事手冊建議，對付這樣的敵人，只要戰事陷入僵局，對方的政權會迅速崩解。到了六二六年，這句格言就在君士坦丁堡城牆外生動地演示出來：當時阿瓦爾人圍城失敗，可汗徵召的斯拉夫民兵就逃跑了。

因此，從五、六世紀開始，拜占庭就敏銳地認識到，帝國對歐亞大草原西部的情勢需要有足夠的戰略靈敏度，也需要結交盟友來牽制或對抗草原新興勢力的軍事企圖。因此，帝國官方謹慎地維持在高加索北部大草原與黑海沿岸赫松（Cherson）和克里米亞（Crimea）的駐軍，充做帝國在當地的「情報站」。

前面討論過，赫拉克留斯認為，草原上的強權可以幫他解決波斯人的威脅。

然而，帝國需要赫拉克留斯的突厥盟友協助對抗阿拉伯人的時刻，突厥人卻正好走向衰弱，實在是帝國的大不幸。不過，從七世紀晚期開始，拜占庭皇帝用心與哈扎爾人（Khazar）結盟。哈扎爾人的王國取代了古典時代晚期高加索北部和烏克蘭東部的突厥勢力，有效阻止阿拉伯人從草原西部和巴爾幹北部發兵攻打拜占庭。直到十世紀晚期，哈扎爾人被維京拓荒者的後代俄羅斯人（Rus'）消滅，雙方的結盟終止，無意中促成伊斯蘭入主高加索北部。

拜占庭也用心研究西方新建立的蠻族王國，正確地判斷那些國家本質上都是世襲王權。於是，查士丁尼出兵攻打非洲的汪達爾人、義大利的東哥德族和西班牙的西哥德人時，便是鎖定敵方發生王位繼承爭端的時機，因為那是這些王國最脆弱的時刻。八到十世紀的拜占庭皇帝則是熱中安排自己和皇族與異族聯姻，爭取外交與軍事上的助力。

當時加洛林王朝（Carolingian）和奧托王朝（Ottonian）是拜占庭的西方大敵，跟拜占庭爭奪義大利和亞得里亞海（Adriatic）的控制權。等到這些王朝因為王位爭議分崩離析，拜占庭再次敏捷地善用情勢。這些事告訴我們，雖然拜占庭的行政組織在六到十世紀大幅改變，卻保持了這種分析傳統，持續運用來為帝國爭取軍事與政治利益。

君士坦丁七世（913–59）時代，宮廷推出一本饒富興味的著作《論帝國的治理》（*De Administrando Imperio*），最能清楚體現這個傳統。作品的序言以皇帝的口吻敘述，是他對兒子、也就是下一任皇帝羅曼努斯二世（Romanus II, 959–63）的殷殷囑付。君士坦丁七世告訴兒子，這部著作的目的在闡明「每個異邦各自在哪方面對羅馬人有益，可以用什麼方法傷害他們。使用武力時，又該用什麼方法征服不同國家。」這本書的內文則收錄了各種文獻摘要，包括歷史著作和帝王傳記，目擊者與商賈傳回帝國的情報，另有涉及帝國主權宣示的內容，比如百姓的遷徙與舊時帝國與鄰國之間的往來，以及為上述說詞提供佐證的羅馬古文物資料。

在此同時，這本著作也介紹帝國對高加索戰略要地（即亞美尼亞和喬治亞）的基督教親王的最新政策，並且分析該如何應對當時歐亞大草原西部、多瑙河盆地和巴爾幹北部的主要勢力，比如哈扎爾人、俄羅斯人、佩切涅格人（Pecheneg）、馬扎爾人（Magyars）和保加爾人，以及該如何讓他們彼此敵對。

這本書給出這樣的建議：

保加爾人比較害怕羅馬皇帝，因此，如果皇帝跟佩切涅格人和平相處，保加爾人就不會興風作浪。原因在於，佩切涅格人也跟保加爾人比鄰，不管是為了自己的私利或為了助羅馬皇帝一臂之力，只要他們願意，輕而易舉就能攻打保加爾人，以驚人之勢將他們擊敗。

書中同時也說，如果佩切涅格人心懷不軌，「可以讓于澤斯人（Uzes）攻擊他們。」一如往常，「分而治之」是帝國的生存關鍵。

古典時代的遺緒

拜占庭在涉外事務上越級挑戰的能力，也受益於古典時代晚期的某些傳承。首先，帝國在六世紀時學到，勸說鄰國百姓改信基督教（特別是高加索地區），可以漸漸將他們納入君士坦丁堡的勢力範圍。中世紀的皇帝並沒有忘記這一點，一致努力讓塞爾維亞人（Serbs）和斯拉夫人在希臘與周遭地區定居，而後讓保加爾人和俄羅斯人（首都在基輔）接受拜占庭的基督教信仰。

定居希臘的斯拉夫人接觸到的顯然是基督教的希臘文經典，因此，在改信基督教的過程中，他們學會了希臘文，而這個過程跟帝國重申希臘控制權齊頭並進。保加爾可汗鮑里斯（Boris）在八六四年改信拜占庭基督教，教名米海爾。

這件事必須審慎應對，因為當時法蘭克人也想說服他選擇拉丁世界的基督教，藉此將他拉進法蘭克人的反拜占庭同盟。帝國的對策是允許鮑里斯建立獨立的保加爾教會，有自己的牧首，教會的禮拜儀式與《聖經》都採用他的子民的主要語言古教會斯拉夫語（Old Church Slavonic）。這些文本都是出自聖西里爾（Cyril）和聖美多德（Methodius）這兩位塞薩洛尼卡傳教士之手，他們是帝國在中歐東部推動宗教政策的最佳代理人。

俄羅斯人的沙皇弗拉迪米爾（Vladimir）在九八九年改信基督教，如我們在第二章所說，俄羅斯人見到聖索菲亞大教堂的儀典和輝煌建築深受震撼，覺得神與他們同在。俄羅斯人的統治者考慮過的宗教不只拉丁基督教，甚至還有猶太教和伊斯蘭教。據說他之所以放棄伊斯蘭，是因為「喝酒是俄羅斯人的快樂泉源」。他選擇信仰拜占庭基督教，將中世紀俄羅斯（就像中世紀保加利亞）納入所謂的「拜占庭聯邦」（Byzantine commonwealth）[1]。當帝國想爭取他國合作卻欠缺直接誘因時，這樣的聯邦就能發揮「軟實力」（soft power）[2]與文化影響力。

俄羅斯人的受洗提醒我們，古典時代晚期延續下來的宮廷與宗教禮儀也能用來獲取實質的政治利益。從《禮儀書》的內容和外國使節的記載不難看出，帝國官方致力操控並主導外交儀式，藉此向鄰國和敵人誇耀皇帝的威嚴與拜占庭在文化與科技上的優勢。

在接待外國使節的場合中，拜占庭似乎特別強調他們最擅長的機械裝置。因此，十世紀時義大利大使克雷莫納的里歐普蘭德（Liudprand of Cremona）寫道，他覲見君士坦丁七世時，皇帝御座兩旁的機械獅子發出吼聲，人造禽鳥啁啾鳴唱。他跪伏在台座前行禮時，御座突然往上升，彷彿以魔法操控。他說，「我

1 二十世紀歷史學家創造的名詞，指的是中世紀拜占庭帝國及其傳教士傳播的拜占庭禮儀與文化傳統所及的地區。

2 美國學者約瑟夫．奈（Joseph S. Nye）提出的觀念，指在國際關係中，一個國家除了經濟與軍事之外的力量，比如文化、價值觀與意識形態等方面的影響力。

想像不出這是怎麼辦到的。」

這類儀式往往非常耗時。里歐普蘭德再次造訪君士坦丁堡時，他跟皇帝尼西弗魯斯二世的談話被迫縮短。里歐普蘭德寫道，「當時鐘聲響起，尼西弗魯斯二世說，『七點多了，我必須去參加教會的遊行。』」

不管這些儀典帶來多麼沉重的負荷，它們卻是拜占庭意識形態武器的基本要素，也是帝國長久累積的威望與手段的重要成分。帝國跟那些與它有過直接衝突的當代勢力之間的差別，正是這些威望與處世手段。阿拔斯王朝可能是個例外，因為他們基於相同目的，恢復了薩珊王朝的宮廷儀式。

另外，中世紀的拜占庭帝國雖然深陷聖像爭議，在意識形態上卻與古典時代晚期高度一致。這個意識形態的焦點不在帝國某個王朝，而是在皇帝的職責與「帝國」這個概念。於是，帝國的意識形態塑造並決定貴族與軍事將領的野心，甚至包括那些一心追逐私利的人。這些人通常渴望獲得帝國賦予的權力，而非開拓自己的獨立領地逃離帝國。

同樣地，這個焦點也以文化手段鞏固。皇帝會召喚各省權貴與軍區將領來到首都，以奢華盛宴款待他們，並透過繁複的宮廷儀式親自賞賜物資與禮品。拜占庭文化在政治上高度整合，尤其，只要信奉拜占庭基督教、學習希臘語文，就可以迅速加入羅馬帝國這個大家庭。十一世紀拜占庭將軍兼學者凱考梅諾斯（Cecaumenos，意思是「被焚者」）就是一例，雖然他可能兼具亞美尼亞與喬治亞血統，又有 Cecaumenos 這樣不折不扣的希臘姓氏，卻是個自豪又愛國的羅馬人。

新危機與新對策

然而，帝國與貴族之間的關係卻不是那麼直截了當。就像在古典時代晚期，十世紀時帝國經濟規模擴大，助長了大型莊園的擴張。基於這點，享有王權的貴族和東方權貴世家取得越來越多需要以兵役償還的土地，對軍區軍隊造成損害。這導致從羅曼努斯一世（九二〇年到九四四年與年少的君士坦丁七世共治）到巴西爾二世之間的皇帝倉促立法，巴西爾二世還鎮壓了東方貴族的造反。前面說過，這場失敗政變的主導者巴爾達斯．斯科萊魯逃往巴格達。不過，巴西爾二世之所以能獲得勝利，是依靠外來的助力：他的軍隊得到「瓦蘭金衛隊」（Varangian guard）的支持，而這支衛隊的成員是來自基輔的斯堪地納維亞裔俄羅斯人。

先前提到過，拜占庭不是世襲王朝。不過，從九世紀晚期到十一世紀中期的大多數時間裡，帝國的統治者都出自同一血脈，也就是所謂的「馬其頓」王朝。這個名字來自「馬其頓人」巴西爾一世（867–86）。十一世紀時，宮廷大臣兼學者米海爾．普塞洛斯（Michael Psellus）寫道，「沒有哪個家族跟他們一樣受到神的偏愛。」

巴西爾一世本人個性十分古怪，「粗鄙之徒變身上流社會小白臉」就是他早年生涯的最佳寫照。來自底層的他得到富孀妲涅妮絲（Danielis）的青睞，成為最受寵的面首。透過妲涅妮絲的引見，他踏入宮廷社交圈，很快跟放浪形骸的年輕皇帝米海爾三世（醉鬼）成為至交。米海爾三世比妲涅妮絲更喜愛巴西爾，任命他為副帝。巴西爾回報米海爾三世好意的方法，是殺了他，奪取他的帝位。這是一場神速又令人大開眼界的繼位，提醒我們拜占庭政體本質上就是以宮廷為核心。

巴西爾一世的繼承人未必都與他們王朝的創建者相像，特別值得關注的是十世紀初期和中期的君士坦丁七世，他追隨他父親李奧六世（886–912）的腳步，鼓勵振興學識與創作，贊助編寫百科全書，整理人類的知識，涵蓋的領域從對外政策、宮廷禮儀到馬匹的用藥等，也建造知名建築物。

這波運動一度被學者稱為「馬其頓文藝復興」，某種程度上明顯是一項政治宣言，目的在回應並反駁八、九世紀西方的加洛林文藝復興（Carolingian

Renaissance）[3]，以及同一時代巴格達的阿拔斯王朝對學識與藝術的獎勵。拜占庭皇帝在權威上超越地球上其他世俗統治者，他的宮廷在文化上也必須比他們更傑出。這波運動也試圖在文化與意識形態上與查士丁尼時代重新連結，以便將毀壞聖像的過往連根拔除。

馬其頓王朝最後一個皇帝在一〇六六年駕崩，接下來是一段政治動盪期，拜占庭的運勢明顯逆轉。要到大約二十五年後，拜占庭才會重新體驗到類似馬其頓王朝那種相對的安定。一〇八一年阿列克修斯·科穆寧（Alexius I Comnenus）奪得帝位，他的後裔會繼續統治帝國到一一八五年，之後帝位落入艾薩克·安吉拉斯（Isaac Angelus, 1185–95）手中。接下來先後繼位的是艾薩克的哥哥阿列克修斯三世（1195–1203）和艾薩克的兒子阿列克修斯四世。後來阿列克修斯四世被阿列克修斯·杜卡斯（Alexius V Ducas）殺害，而阿列克修斯·杜卡斯又在一二〇四年第四次十字軍東征中被推翻。

一〇二五年巴西爾二世駕崩時，帝國的版圖和政治影響力都達到中世紀的顛峰（見地圖5）。但科穆寧和安吉拉斯兩個家族統治下的帝國，情勢比那時窘迫得多，只是，其中主要因素卻不是帝國所能掌控。可以說，帝國在九、十世紀的擴張是拜外界演變之賜，那些進展終究也因為外在世界的重新組合，化為烏有。

十一世紀帝國面臨的最急迫威脅來自佩切涅格人，這是一支貪婪善戰的遊牧部族聯邦，跟九世紀晚期稱霸大草原西部的匈奴和阿瓦爾人如出一轍。前面談到過，君士坦丁七世在《論帝國的治理》中也非常關切這個部族。

巴西爾二世征服保加爾人之後，帝國直接面對佩切涅格人，這支部族也因此成為拜占庭在多瑙河下游的主要敵人。一〇三三到三六年，佩切涅格人揮軍深入帝國在巴爾幹半島的領土，大肆劫掠，搜刮戰利品與物資，最遠達到帝國第二大城塞薩洛尼卡。

3 指的是法蘭克王國統治者查理曼大帝（Charlemagne）所推動的一系列文化復興運動，並以他所建立的加洛林王朝為名。他在八〇〇年時被加冕為羅馬皇帝，開創了神聖羅馬帝國（Holy Roman Empire）。

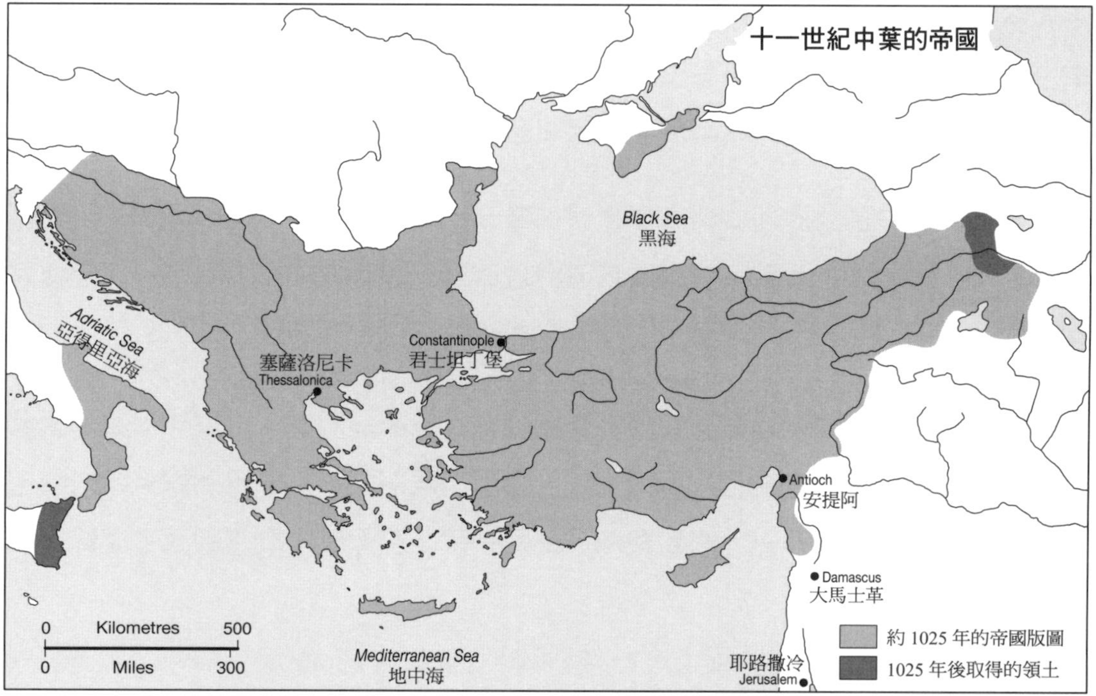

地圖 5 11 世紀中葉的帝國。（原圖見《牛津拜占庭歷史》，西里爾．曼戈編。牛津大學出版社授權重繪）

帝國當局採取一連串因應措施，以中期效果而言，能牽制佩切涅格人的威脅。尤其，帝國運用激烈的「焦土」政策，刻意在多瑙河以南的領土建立無人居住的封鎖線，制止佩切涅格人的侵襲。在此同時又在特定的邊境要塞設立嚴密控制的市集，販售佩切涅格人最需要的物品。

只是，帝國的完整性即將在東部邊境面臨更大的挑戰，因為那裡出現一支全新的可怕勢力：塞爾柱突厥人（Seljuk Turk）。突厥人本質上也是草原遊牧民族，跟佩切涅格人一樣，在馬背上行動敏捷，在戰場上凶悍猛戾。然而，塞爾柱突厥人因為信奉了伊斯蘭教，好戰天性有了更偉大的焦點，草原遊牧民族傳統的尚武精神增添了宗教色彩，為吉哈德這個更遠大的目標服務。

塞爾柱突厥人在領袖圖格里勒（Togrul）和他的後繼者阿爾普．阿斯蘭（Alp Arslan）與馬利克．沙阿（Malik Shah）的領導下，掌控了阿拔斯王朝，變成哈里發王座背後的掌權者，指揮同為突厥人的遊牧民族土庫曼人（Turkmen）攻打喬治亞、亞美尼亞和拜占庭的基督徒。前面討論過，在此之前拜占庭與阿拉伯之間的衝突模式主要是系統化的戰事，雙方軍隊結構相似，在明確的戰爭季節進擊。塞爾柱王朝指揮的土庫曼人則以移動靈活的小部隊為主，可以繞過帝國的防線，智取拜占庭軍隊。土庫曼人沒有核心基地，也沒有明顯的指揮結構，拜占庭找不到著力點，想抑制突厥人在東方邊境的威脅，如同想徒手拿取液態水銀，既徒勞又危險。

一〇七一年羅曼努斯四世率軍向東方進擊，跟塞爾柱王朝的蘇丹阿爾普・阿斯蘭直接衝突，卻在曼齊克特戰役（Battle of Manzikert）兵敗被俘。拜占庭因此爆發內戰，突厥人和土庫曼人趁機深入安那托利亞和小亞細亞，而那裡的軍區如今多半已經衰頹，不再發揮往日的功能。短短二十年的時間，突厥人就在小亞細亞西邊海岸立足，在那裡定居下來。帝國經濟最發達、古典時代的基礎設施保存得最完整的地區，如今已經淪為戰爭地帶。

然而，突厥人越是落地生根，帝國越有機會反擊他們。從一〇八〇年代開始，拜占庭軍隊就陸續取得地區性勝利。但拜占庭當局也面臨一個重大問題，那就是帝國的軍隊顯然欠缺攻城所需的技術，無法攻克敵人在西方的尼西亞或東方的安提阿等地的堡壘。控制不了這類城市，拜占庭就很難將地區性勝利擴大為收復領土的戰爭。

到了阿列克修斯一世（一〇八一年登基）統治期間，這個難題才有了解決方案。塞爾柱突厥人和土庫曼人進軍安那托利亞和小亞細亞，逼得許多拜占庭軍方貴族湧向君士坦丁堡。這些人的莊園被敵人奪走，因此遷怒帝國當局。阿列克修斯一世為了爭取這些貴族的支持，賦予他們龐大的權利，允許他們向原本自由的納稅百姓索取進貢與勞力服務。此舉可說是拜占庭內部的「封建革命」，貴族也終於得到完整的領地控制權。拜占庭貴族從十世紀開始擴大對地方的控制，當時曾經引起帝國的重視。

不過，阿列克修斯一世在政治與軍事上極力降低對貴族的依賴，逐步指派自己的親族擔任帝國官員。更重要的是，他越來越依賴外國（主要是西方）的傭兵和騎士來擔任帝國衛兵。

前面討論過，十一世紀初拜占庭已經重新成為基督教世界的第一強權。拜占庭皇帝獲得了威望與財富，吸引西方各部族加入帝國衛隊，為皇帝效勞，尤其是熱中接受僱傭的法蘭西騎士家族。阿列克修斯一世樂見這種發展，甚至吸納諾曼騎士（Norman knight）前來，儘管十一世紀中葉諾曼人曾經侵犯拜占庭在西西里、義大利南部和亞得里亞海的權益。關鍵原因在於，這些騎士擁有帝國迫切需要的攻城戰專門技術。

到了一〇九五年，阿列克修斯一世聯繫教宗烏爾班二世（Urban II），要求他呼籲西方的拉丁世界提供軍事支援。烏爾班二世登高一呼發起聖戰，宣布十字軍東征，對抗穆斯林異教徒，解救東方的基督徒，為基督教奪回聖地的控制權。接下來那兩年，大約有六萬名西方人前往君士坦丁堡，助帝國一臂之力

第一批趕到的十字軍顯然大多是農民和裝備不足的軍隊，皇帝迅速將他們送往小亞細亞，那些人很快在戰場上送命。等到更有紀律、更有經驗的騎士十字軍抵達，帝國慎重行事，安排他們前往小亞細亞和敘利亞，攻打那些帝國最需要從

敵人手中奪回的城市。

一〇九七年塞爾柱人的尼西亞大本營被攻陷，十字軍繼續向安提阿推進。然而，對安提阿的第一波攻勢失敗了，阿列克修斯一世接受十字軍領袖的建議，下令帝國軍隊撤退。緊接著諾曼僱傭兵博希蒙德（Bohemond）攻下安提阿，卻拒絕交給帝國，導致十字軍與帝國當局關係緊繃。

阿列克修斯一世與十字軍領袖的決裂點，是在十字軍領袖決定繼續前往耶路撒冷時。十字軍希望阿列克修斯一世一同前往，阿列克修斯一世不可能同意。耶路撒冷是西方教會信仰與朝聖的重心，但我們前面談過，在拜占庭帝國，君士坦丁堡已經被視為新耶路撒冷，原來的耶路撒冷光環不再。

帝國當局不像西方人那麼熱中向聖地進軍，甚至，就像前面所說，即使在十一世紀早期帝國勢力擴張達到頂點，帝國仍然刻意避免進攻耶路撒冷或巴格達，以免刺激穆斯林齊心協力發動聖戰，畢竟耶路撒冷也是穆斯林的聖地。十字軍的領袖忽略這個危險，將阿列克修斯一世的沉默視為背叛。因此，一〇九八年耶路撒冷失守，就跟安提阿一樣，變成獨立的拉丁王國，由十字軍掌控。

東西基督教會的信仰在中世紀早期漸漸分道揚鑣，就這麼引發彼此的誤解與相互指責。某種程度上，阿列克修斯一世對抗塞爾柱突厥人的策略得到反效果。不過，站在帝國的角度，安提阿落入十字軍手中，總比由穆斯林控制來得好。

值得注意的是，阿列克修斯一世和他的繼位者始終都記得，西方拉丁世界充滿虔信、野心與軍事精神，值得帝國善加利用。於是，帝國反覆操縱日耳曼君王開疆拓土的野心，藉此阻止諾曼人的勢力進入義大利。另一方面，拜占庭漸漸依賴威尼斯或阿瑪菲等義大利商業城邦資助帝國的海軍，那些城邦名義上都是皇帝的附庸或子民。

正因如此，阿列克修斯一世和他的科穆寧王朝繼位者才會允許義大利人在首都擁有重要的貿易權，包括免稅和在金角灣設立商業特區。這導致在首都定居的西方人大量增加，義大利人在帝國經濟的貿易與商業區塊漸漸取得支配地位。

拉丁商賈、騎士與僱傭兵持續積極介入帝國事務，將會產生長遠的影響。因為這麼一來，日耳曼君主、十字軍和義大利商人就會涉入帝國內部政治，拜占庭的統治階級和首都的居民對他們也越來越不滿。

尤其，十二世紀末科穆寧家族飽受派系爭端困擾，而十字軍和義大利城邦的代表涉入糾紛的情況越來越嚴重，最終導致科穆寧家族在一一八五年被安吉拉斯家族推翻，後續更是發生一連串帝位爭奪。

到了一二〇四年，西方人牽扯進拜占庭派系政治的現象達到頂點。當時原訂趕赴埃及的第四波十字軍改道前往君士坦丁堡，因為艾薩克・安吉拉斯被推翻後，他兒子阿列克修斯五世要求十字軍助他奪回王位，承諾支付大筆金錢。阿列克修斯五世順利登基後，卻付不出報酬，十字軍於是在動亂中掠奪君士坦丁堡，建立他們自己的政權，由法蘭德斯公爵鮑德溫（Count Baldwin of Flanders）即位，對帝國造成毀滅性的打擊。

第六章

文本、圖像、空間與精神

文化與保守主義

我們已經知道，拜占庭帝國的意識形態有兩大前提：首先，帝國是羅馬國歷史的絕對延續；其次，皇帝擁有羅馬帝國所有領土的主權。整個中世紀大多數時間裡，帝國在軍事上挫折連連，跟古典時代晚期大相逕庭，於是，帝國贊助的藝術作品和文化方面的獎勵措施，具有強烈的保守與返祖特質。

舉例來說，毀壞聖像時期的皇帝（尤其是君士坦丁五世）試圖跟君士坦丁大帝的時代重新連結，以十字符號取代教堂裡的聖像，因為十字符號是三一二年君士坦丁大帝在米爾維亞橋之役獲勝前見到的異象。同樣的，馬其頓王朝的皇帝也設法與查士丁尼時代重新連結，以便抹去稍早那段毀壞聖像的過往。於是，「更新」與「淨化」成為帝國的格言，「創新」則不是。

在這種極度保守的意識形態影響下，拜占庭承襲自古典時代的著述文化更為顯著地偏向保守主義。拜占庭的知識分子從「第二次辯士運動」（Second

Sophistic）[1]時期的羅馬帝國承襲到一個信念，認為所有非關教學、非關宗教的高級著述都該以阿提卡希臘語（Attic）書寫。所謂第二次辯士運動發生在以希臘語為主的東方剛納入羅馬帝國版圖的時期，當時的文學蓬勃發展。阿提卡語則是古代雅典人使用的希臘語，由第二次辯士運動時期的學者加以保存研究。

於是，六世紀的歷史學家普洛柯庇斯的文章風格與遣詞用字，多半效法西元前五世紀的雅典歷史學家修昔底德（Thucydides），而條昔底德的《伯羅奔尼撒戰爭史》（*History of the Peloponnesian War*）成書已經超過一千年。為了採用這種「高級文體」，普洛柯庇斯非但必須運用當時希臘口語已經不使用的文法形式，還得避免新詞彙。只要不是傳承下來的古典語詞，就不能使用在文雅的著作裡。於是，古代的用語必須加以引申，來適應當代的發展。

比方說，描述聖索菲亞大教堂時，普洛柯庇斯不能說它是ekklesia（意為教

1 指西元一世紀開始的學術運動，這次運動在高等教育與各種著述留下深刻影響。而第一次辯士運動時期則是在西元前五世紀，當時的學者到各地講學，運用他們的辯才推展理念。

堂），因為在阿提卡語裡，這個字的意思是集會。他用的是naos，這個字真正的意思是「神殿」，但以「高級文體」的嚴苛規則而言，卻是比較可以接受。

因此，直到拜占庭帝國結束後很久，渴望撰寫「優雅文學」的希臘作家只有僵化的語言可供使用，文章模式大多固定，並且可以追溯到大約西元前五世紀的雅典。這有個好處：古希臘作家的作品只要被拜占庭教師或抄寫員判定為優質阿提卡文體，或受到雅典人高度推崇，就能保存下來，流傳到後世。這些拜占庭帝國的教材會變成希臘的「經典」，因為它們會傳遞到文藝復興時期和西方現代早期的古典文學研究者手中。若少了拜占庭著述文化這回眸一瞥，亞里斯多德、柏拉圖、希羅多德（Herodotus）[2]、修昔底德、埃斯庫羅斯（Aeschylus）[3]和索福克里斯（Sophocles）[4]等人的作品都可能佚失，或者就像亞里斯多德的作品，只有一部分以譯本形式保存下來。

拜占庭為此付出了文化代價，它的高級著述文化變成所謂的「展示文學」（literature of display），創作者習慣性去除一切讓作品呈現地方色彩、個性或新意的元素。作家藝術才華的展現，主要是符合某種文學語言與範本。對於這個著述文化圈之外的人，那些語言與範本與他們毫不相關，也很難理解。也因為這樣，不具名的作品往往無法判斷創作時間。

這必然代表著，即使是這類作品中的一流著作，讀者群也非常有限。在查士丁尼時代，學習阿提卡語是進入帝國官方任職的必備條件，帝國各地城市的精英因此熱中學習。普洛柯庇斯告訴我們，羅馬帝國每個角落都有人閱讀他的《戰爭史》（*History of the Wars*）。

值得注意的是，古典時代晚期以希臘文撰寫的「高級文體」歷史著作，幾乎都出自君士坦丁堡。這代表教育程度足夠的讀者和有能力聆聽這類著作朗誦的群

2 希羅多德（約 484 BC–425 BC），古希臘作家，被譽為「歷史之父」。他的著作《歷史》（*History*）是西方文學史第一部完整保存的散文著作。
3 埃斯庫羅斯（約 525 BC–456 BC），古希臘三大悲劇作家之一，被譽為「悲劇之父」。
4 索福克里斯（約 497 BC–406 BC），為古希臘三大悲劇作家之一。

眾，絕大多數都集中在首都。七、八世紀波斯人和阿拉伯人先後在各地城市大肆破壞，導致大規模文化斷層，帝國許多城市淪為廢墟，倖存的城市嚴重衰退，舊有的教育設施大多毀損，各省複製傳統精英文化的場所不復存在。於是，各省有能力閱讀「高級文體」著作的人所剩無幾。

只有在君士坦丁堡，傳統的文學教育才可能在經歷時代的變遷後，依然發揮功能。然而，即使在君士坦丁堡，教育設施也相當有限，還得因應不同政體的不同考量。也就是說，到了十、十一世紀，真正有能力閱讀阿提卡文學的人，每個世代可能只有數百人。

科穆寧時代各省城市復甦，這類讀者或許人數增多，也更偏向中產階級。只是，十三世紀歷史學家卓奈人尼西塔斯（Nicetas Choniates）發表一本史書，以生動的筆調描述君士坦丁堡在第四次十字軍東征時的陷落，據說這本書的每一個讀者他可能都認識。

拜占庭著述文化也承襲了第二次辯士運動的遺風，對詞藻華麗的文本特別感興趣，以致於這類文本變成羅馬帝國中等教育高階課程的基礎。這類文本規則繁複，對於人物的稱頌、建築物的描述和城市的讚揚有固定的體例。對這種文本的偏好，導致古典風格的文本與拜占庭的現實距離越來越遙遠。

拜占庭文學因此具備了「哈哈鏡」特質，以阿提卡語的風格闡述一點都不古典的世界。不過，有別於遊樂場的哈哈鏡，拜占庭文學的主要目的是展現知識分子的優雅教養。

「娼妓的甜言蜜語」

在教會的影響下，拜占庭文化的保守趨向進一步增強。專門批判基督教的異教評論家歡欣地指出，基督教《新約聖經》的核心內容並不是以適合崇高思想的

「高級文體」寫成。相反地，那些內容是以通用希臘語（koine）寫成，這種語言是希臘化時代（Hellenistic period）[5]近東地區的通用語。因此，教會裡始終有一群人認為沒有必要學習「希臘的學問」，虔誠的基督徒只要有《聖經》就足夠了。

比方說，六世紀時來自安提阿的歷史學家約翰．馬拉拉斯（John Malalas）寫了一本編年史，記載從神創造宇宙到當代的歷史，整部書對希臘與羅馬的歷史幾乎沒有著墨，除非與《聖經》中的歷史重疊，或與上帝對人類的安排相關。不只如此，這部史書用詞平淡簡樸，比較接近當時的白話希臘語，文章結構也全然仿效《聖經》的模式。同樣地，跟馬拉拉斯年代相近的亞歷山大城商人科斯馬斯（Cosmas）編寫了一本「基督教地形學」，雜七雜八地介紹遙遠地區的動植物群，目的在突顯真實世界的結構與《聖經》中神的居所相符。

這兩位作家傳達的訊息很清楚：只有《聖經》的學問才是真學問。信奉異教的羅馬皇帝朱里安（361–3）與馬拉拉斯和科斯馬斯恰恰相反，他在研讀文本的過程中發現，希臘文化與基督教信仰終究互不相容。在「拿撒勒人」（Nazarene）[6]（他如此稱呼基督）與荷馬之間，他選擇荷馬。

只是，受到政治與文化環境的影響，馬拉拉斯和科斯馬斯這一類人注定漸漸邊緣化。古典時代晚期，人們在對荷馬、修昔底德、希羅多德與其他希臘重要作家的研究中找到共通的高級文化，在對阿提卡文體的熱愛中找到統一的語言，這有助於凝聚羅馬帝國東方行省那些使用希臘語的精英階級，也變成他們自我認同的核心。如果君士坦丁時代與後君士坦丁時代的教會要徹底整合並制度化（這是許多教會領袖的心願），就得借助希臘高級文化，特別是希臘文學。

因此，四世紀的凱撒勒雅的聖巴西略（St Basil of Caesarea）撰寫一篇專論，贊同基督徒學習傳統文學與修辭，認為這可以幫助年輕人做好準備接受更崇高的

5 指亞歷山大大帝過世（西元前三二三年）到埃及托勒密王國滅亡（西元前三〇年）這段時期。十九世紀西方歷史學家認為這段時間古希臘文明主宰地中海東部沿岸地區文明，因此稱為希臘化時代。

6 指耶穌和追隨他的信徒，見《聖經．使徒行傳》第二十四章。

真理。雖然批評家認為希臘學識是俗諺所說的「娼妓的甜言蜜語」，但聖巴西略強調的是文體與修辭，讓基督徒可以無視經典文學中的異教內容和題材。無論如何，基督徒可以從寓言的角度理解那些內容，比如海克力斯（Hercules）代表《聖經》裡的大衛[7]。

參加大公會議的宗教領袖則是採用希臘思辨哲學的分析方法，試圖解決三位一體論和基督論的爭議。另外，金口約翰（John Chrysostom）等四、五世紀基督教重要人物的佈道詞，都是古代修辭法的完美範本。早期教父（The Fathers of the Church）[8]就這麼強化了「高級文體」的權威，在此同時，他們又認定希臘語《聖經》的通用希臘語是另一套語域（linguistic register）[9]，適合用來與虔誠的信眾溝通。

同樣地，偏向教學用途的俗世著述需要更通俗的語域。於是，十世紀君士坦丁七世在他的《論帝國的治理》序言中表示，「我沒有用心展現高雅的寫作技巧，也沒有採用阿提卡文體、在書中填滿莊嚴崇高的語詞。相反地，我選擇使用日常對話的口吻，把你該知道的教給你。」正確評價這種多語域現象，是理解中世紀希臘著作的關鍵。

拜占庭教會就這麼支撐起帝國極端保守的高級著述文化，在此同時也加以改造。金口約翰與聖額我略．納齊安（Gregory of Nazianzus）等早期教父的佈道詞與著作，也變成經典著述的一部分。甚至，教會安然度過七世紀拜占庭的危機，代表著經典著述之所以能從六世紀古典時代晚期傳遞到八世紀的中世紀，教會（特別是修道院）的繕寫室也許扮演了最重要的角色。

當時小寫字體的發展成為這個傳遞過程的一大助力。有了小寫字體，將文本從莎草紙抄寫到羊皮紙的速度加快許多。莎草紙是古典時代主要的書寫材料，後

7 海克力斯是希臘神話中半神半人英雄，是天神宙斯與凡間女子生下的孩子，據說驍勇善戰力大無窮。大衛王也是勇士，年少時打敗非利士人的巨人歌利亞（見《聖經．撒母耳記》第十七章）。

8 指基督教早期的重要神學家，他們的著作奠定基督教教義的基礎，時間大約是從一世紀晚期到八世紀中葉。

9 指針對特定場合或領域使用的語詞和語法。

來阿拉伯人切斷來自埃及的紙莎草供應，帝國只好改用羊皮紙。使用這種字形較小的書寫體，抄寫員可以在每一頁寫更多字，因此減低抄寫的花費。

教會的繕寫室以文本傳遞為重心，對拜占庭知性文化未來的發展產生重大影響，因為這代表教會權威人士不贊同的大量俗世文學會被細細剔除。同樣地，亞流和聶斯托利厄斯這些古典時代晚期「異端」究竟寫了什麼，說了什麼，除了他們的對手的指控，我們幾乎一無所知。這個事實透露的與其說是羅馬帝國後期獨裁統治的效率，不如說是拜占庭繕寫室在神學研究上的自我審查權限。

帝國舊有的城市面貌毀損嚴重，基督教興起前的俗世教育傳統幾乎消失，教會因此成為拜占庭著述文化的主力。八世紀末各種文本重新出現，這些文本的讀者與朗讀會聽眾大多是修士，他們的品味和興趣注定會排擠掉非宗教或獨樹一格的文本。

凡事都有例外。比方說，歷史學家相當幸運，因為異教皇帝朱里安的反基督著作儘管惡意滿滿，卻被判定為優雅的阿提卡文體，由歷代拜占庭抄寫員細心保存下來。

不過，文本的傳遞方式受到宗教的支配，即使某些古典著作幸運流傳下來，中世紀拜占庭藏書絕大多數還是以宗教與基督教文本為主。驚人的是，九到十一世紀流傳下來的現存拜占庭手抄本之中，高達百分之九十都是宗教著作。

這甚至影響到當時知識分子的私人藏書，或許也影響他們的思維。十一世紀的將軍凱考梅諾斯就是個例子。根據分析，他的私人圖書館（其中很多可能是繼承而來）有十本《聖經》，三十三本禮拜儀式書，十二本修士著作、三本修院靈修書籍、一本《偽經》（*apocrypha*），四本描述聖徒生平，兩本基督教雜集，三本教會法。另有十本「非宗教」著作，包括一本文法書，一本法律書籍，兩本編年史，一本夢境指南，五本古代或古典時代晚期的文學著作。

如前所述，拜占庭在古希臘重要著作的傳承與保存上扮演關鍵角色。只是，由於宗教情感與時俱變，加上內憂外患導致文化斷層與城市毀損，大量文學、哲學與科學著作因此遺失。

比方說，四七六年君士坦丁堡的公共圖書館橫遭祝融，據說損失十二萬冊藏書（可能是莎草紙卷）。這座圖書館是君士坦修斯二世興建，用來收藏非宗教文本。九世紀君士坦丁堡牧首兼古典文學研究者佛西約（Photius）寫了一系列記錄與評論，詳述他的閱讀歷程。這些記錄名為《書目》（*Bibliotheca*），共二八〇卷，介紹他讀過的三八六部作品，其中二三三卷是基督教著作，另外一四七卷則是非宗教或異教書籍。這些書大約半數如今完全失傳或只剩殘本。第四次十字軍東征對君士坦丁堡的破壞，以及鄂圖曼帝國最終的攻陷，也可能造成大量文本流失。

圖像與想像

教會的保守傾向對文化的影響，並不限於著述方面。在八、九世紀的聖像爭議中，贊成派借助柏拉圖時代晚期的希臘哲學論點，主張以圖像呈現的聖像是對原型（基督、瑪利亞或聖徒）的正確描繪，因此，對這些圖像表達崇敬，敬的是原型，而非圖像，所以不是偶像崇拜。

在古典時代晚期，個別聖徒的圖像都已經發展出可供辨識的關鍵特徵，信徒不需要文字敘述，就能精準判斷眼前的圖像描繪的是哪位神祇或聖徒。因此，聖母瑪利亞才有一眼就能辨認的衣飾。特別是在毀壞聖像運動結束後，這點不可避免地限制了藝術家或工匠的改動空間。只是，圖像代表真實形像這個論點的邏輯，原本應該引導宗教藝術趨向自然主義。實務上，強調可辨識的標準特徵，會導致高度的視覺「概略化」，以致於任何一幅花白鬈髮搭配鷹鉤鼻的老人圖像，都可以信心十足地代表聖彼得（St Peter）[10]。

甚至，由於強調圖像與「真實」原型之間的關係，教會因此極度敵視以圖像（或文字）描繪非「真實」的存在或物品，比如古典時代流傳下來、或藝術家與作家想像出來的神話動物。幻想世界令教會感到不安，對想像力的產物不設防，會被解讀為親近魔鬼。

這顯然又衍生另一個有趣現象，那就是俗世看待史芬克斯、格里芬（grypho）[11]和其他來自古代神話世界的混種角色的心態發生變化。古典時代晚期的知識分子能夠了解這些角色的文學典故和寓意，中世紀拜占庭百姓看見這些流傳下來的圖像時，據說漸漸認為這些圖像具有魔力或保護力。於是，我們看到這些圖像被描繪在護身符上，或畫在碗上。它們代表的不再是古文物的風雅，而是可供利用的神祕力量。

必然與創新

有一點我們不能忽視，那就是拜占庭文化儘管表面上前後連續，但橫跨許多世紀的客觀文化背景必然會產生新的文化形式，也激發出超乎預期的創造力。雖然優雅文學領域緊抓「高級文體」不放，但就連拜占庭著作也不乏新意。

比方說，古典時代晚期教會的興起與基督教的發展，導致新文學形式的誕生。這些作品在經典著作中的重要性，遠超過前面提到過的佈道詞。其中最重要的是聖徒傳記，描寫基督教聖徒的生平。這些作品一開始並不追求風格的華麗，不過，馬其頓王朝的創作者齊心協力，讓這類文本的語域向上提升。

第一本聖徒傳記描寫的是三世紀的埃及隱士兼隱修制度之父聖安東尼（St Anthony），大約三六〇年以希臘文寫成，作者是亞歷山大城的牧首亞他那修

10 耶穌的十二門徒之一，天主教譯為聖伯多祿。

11 希臘神話中鷹頭獅身的有翼怪獸。

（Athanasius）。這本書採用了當時俗世傳記的體例，內容卻生動描寫聖安東尼與魔鬼的對抗，充分發揮古典時代晚期對魔鬼的想像，很快就被許多作家翻譯與仿效。比如五世紀的執事馬克（Mark the Deacon），他詳盡描寫四世紀聖徒加薩的聖波菲瑞斯（St Porphyrius of Gaza）的生平。另外就是七世紀時的修士喬治（monk George）為同時代聖徒雪根的聖狄奧多（St Theodore of Sykeon）作傳，內容不乏鮮活的鄉村人情往來情景。

同樣地，教會的興起也為史書的撰寫提供新手法，最具代表性的就是馬拉拉斯的基督教「世界編年史」。前面提到過，馬拉拉斯預期神的審判與末日的到來，想要記錄從神創造宇宙到他的年代的人類史。馬拉拉斯從目的論的角度看待歷史，略過希臘羅馬的舊事，這樣的方法跟同時代的普洛柯庇斯是兩個極端。普洛柯庇斯的《戰爭史》中描寫的任何事都沒有明確地採取基督教視角，對歷史的觀點也以希臘羅馬的輝煌過往為基礎。

這兩位作家體現出拜占庭早期的「文化戰爭」。直到六世紀末，這場文化戰爭才開始平息，因為漸漸有作家以更明顯的基督教形式撰寫古典風格的歷史著作，比如繼普洛柯庇斯之後描寫查士丁尼戰績的阿加西亞斯（Agathias）。教會禮拜儀式的發展，也有助於產生新的文學形式。在六世紀的君士坦丁堡，聖索菲亞大教堂的領唱人聖詠家羅曼諾斯（Romanos）用希臘文寫聖歌，採用由古敘利亞語詩歌演變而來的形式，古敘利亞語是基督教閃米特語（Semitic）的一種。這就是古典時代晚期文化衝突衍生的著述創新。

俗世文學也在這段時期經歷有趣的轉變。雖然六、七世紀以「高級文體」撰寫史書的作家仍然熱愛以阿提卡語寫作（其中普洛柯庇斯表現十分出色），我們卻也看到作家越來越敢於發揮創意，融合不同的文學形式。

因此，普洛柯庇斯撰寫《戰爭史》時，雖然詞彙大多取自修昔底德，卻也向描寫亞歷山大大帝戰績的阿里安（Arrian）借用敘事結構，並且將他對查士丁尼政權的分析安排在錯綜複雜的文學典故裡。甚至，普洛柯庇斯撰寫他那本惡聲惡氣的《祕史》時，運用了希臘小說的敘事結構和喜劇詞彙，並且轉換了頌贊

（panegyric，讚揚某個人的演說或文章）既定的修辭法，寫出對查士丁尼、狄奧多拉和他們的隨從極具獨創性的攻訐。

七世紀時明顯也有類似的文學體裁重組現象，這點可以從塞奧菲拉克・西摩卡塔（Theophylact Simocatta）撰寫的《歷史》（*History*）看得出來。這本書雖然是以高級文體寫成的散文史書，它的敘事結構卻取自希臘悲劇，慘遭殺害的皇帝莫里斯化身悲劇英雄。《歷史》一書以歷史與哲學兩位繆斯女神（Muse）[12]的對話開場，會讓純粹主義者感到更迷惘。跟塞奧菲拉克同時代的宮廷史官皮西迪亞的喬治（George of Pisidia）寫過一本史書描述赫拉克留斯與波斯的戰爭，這本書目前殘缺不全，書中一段描述戰事的散文中間穿插了幾段詩歌形式的演說。種種跡象顯示，由於七世紀時的城市毀壞與文化斷層，原本充滿文學創造力的時代先是逐步停頓，而後徹底湮滅。

在阿提卡式優雅著述文化的陰魂最衰弱的時間與地點，中世紀拜占庭文學也能朝新穎的方向發展。正如我們前面討論過的拜占庭史詩《第傑尼斯》，十世紀前後拜占庭東方邊境的軍事與社會環境自然而然孕育出英雄詩歌，這類作品在十一、二世紀漸漸精鍊。到了十三世紀第四次十字軍東征後，希臘與拉丁精英階級的文化接壤，又會激發出以希臘文撰寫的西方俠義傳奇。

在拜占庭時代的拉丁人統治區，比如希臘的摩里亞（Morea）或地中海的塞普勒斯島，編史年的撰寫以相當獨特的方式發展。社會情境的變動，必然激發出全新的著述形式。

在拜占庭建築與藝術的發展上，創新與必然之間的關係最為明顯。第二章討論君士坦丁堡時提到過，查士丁尼之後的皇帝並沒有足夠的經濟資源，建築的規模比不上古典時代晚期的前輩。八到十世紀朝廷與貴族委託的建築工程規模小得多。有趣的是，宗教建築的興建卻是採用不同的建築規格。

這些新建教堂的形式多半是「外方內十字」，亦即由四個桶形拱頂撐起上方

12 希臘神話中文藝女神的總稱，主司藝術與科學。

的圓頂，形成希臘十字架（Greek cross）[13]。這個圓頂放置在方形結構裡，以四根圓柱或四組扶壁支撐。如果建築規模大一點，可以在十字的四端附加輔助圓頂，圍在中央圓頂周遭。

據說這種設計最初是為了因應小型修道團體的需求，或許是在離君士坦丁堡不遠的比提尼亞，因為八世紀時那裡修道制度盛行。不過，這種建築很快就被廣泛採用，因為比起查士丁尼時代容納更多人的十字圓頂大教堂，這種小型建築更適合中世紀萎縮的會眾人數。不過，這種規模縮減雖是務實做法，卻會對未來東正教禮拜模式的發展造成影響。

拜占庭新式宗教建築漸趨流行的時期，拜占庭教會正飽受聖像爭議困擾，於是，建築與藝術的發展很快建立重要的協同作用。毀壞聖像時期的皇帝通常使用十字架裝飾教堂，或用各種動植物的背景與圖案，好讓人聯想起君士坦丁時代恢宏大教堂裡規格化的馬賽克壁畫。各省的貴族紛紛模仿這種風格，連卡帕多奇亞軍方高層建造的教堂也起而效尤。基督、瑪利亞和聖徒的圖像都消失了（日後會再出現）。

只是，在古典時代晚期那些真正宏偉的建築內部，這類圖像從來不是重點。那種禮拜場所內部空間太廣闊，索性用馬賽克模板覆蓋整面牆壁，施工更容易、更迅速，成本也更低。倉促興建的聖索菲亞大教堂更是如此。

然而，聖像爭議讓圖像變成話題焦點。八四三年贊成派取得勝利後，聖像回歸拜占庭教堂，規模比過去盛大得多。同樣地，這樣的行動表面上是「復舊」，其實是創新。舉例來說，八六七年君士坦丁堡牧首佛西約揭開一幅巨大（且精緻）的聖母與聖嬰馬賽克壁畫，就在聖索菲亞大教堂東端半圓形後殿（見圖6）。佛西約在揭幕儀式上以「復舊」形容這項舉動。事實上，那個位置不曾有過這樣的圖像，聖像的角色、意義與可見度因此大幅增強。

在聖索菲亞大教堂，聖母圖像的出現十分震撼人心。不過，某種程度上，那

13 指橫軸與豎軸等長的十字架。拉丁十字架則是豎軸向下延伸，象徵耶穌受難。

圖 6　聖索菲亞大教堂後殿聖母與聖嬰像，867 年由牧首佛西約揭幕。
（ImageBroker/Glowimages.com）

幅圖像在整體結構裡並不起眼。在中世紀早期建造的那些小型拜占庭教堂裡，聖像裝飾越來越豐富，東正教禮拜儀式的心理與情感基礎也隨之改變。因為教堂內部空間縮小，觀者與眼前景象距離拉近，表示如今聖徒與信徒之間的關係變得更私人、更直接。更重要的是，教堂變小，需要覆蓋的牆面也變少，以馬賽克圖像裝飾的成本不再高不可攀。因此，這樣的裝飾變成拜占庭教堂的一大榮耀。

在此同時，這些教堂的圖像布局逐漸趨向標準化（但絕非一成不變）。首先，中央圓頂保留給基督這位「普世君王」（Pantokrator），偶爾有聖徒與天使相伴。餘者依照等級往下，後殿的半圓頂會留給瑪利亞，通常伴隨著天使長米迦勒（Michael）與加百利（Gabriel）。基督圖像底下多半是《舊約聖經》裡記載的使徒與先知。瑪利亞下方則是使徒聖餐會和封聖的神職人員（比如金口約翰）。支撐中央圓頂的三角穹窿裝飾的是《福音書》四位作者[14]，桶形拱頂則描繪《新約》的場景。最後，中殿剩餘的牆面通常保留給「非神職」聖徒，比如軍

14 指《新約聖經》四卷《福音》的作者，分別是馬太、馬可、路加與約翰。

人聖徒喬治（George）和德米特里（Demetrius）等。直到如今，拜占庭與東正教大多數教堂仍然採用這種布局。

在毀壞聖像時期，視覺藝術被徹底拋棄，毀壞聖像運動結束後，圖像與一般藝術越來越受重視，卻也衍生某些問題。當時馬其頓王朝的皇帝試圖重拾查士丁尼時代強烈自然主義、著重表達的藝術傳統。只是，複製與模仿那種藝術所需的很多技巧，都在六、七世紀的戰爭與城市破壞中失傳了。因此，這些技巧只能在細心複製古典時代晚期倖存作品的過程中慢慢學習。

這是個緩慢又辛苦的歷程，直到十一、二世紀才終於得到還算滿意的成果，到了十三、四世紀又朝新的方向發展（見圖7）。不只如此，由於城市的古代面貌遭到破壞，展現古典時代晚期藝術的廣闊公共空間隨之消失。於是，古典時代晚期公共藝術展現的圖像與形式，比如描繪在重要建築物中楣與圓柱的場景，都轉移到更居家、更私人的領域。尤其是手抄本上的彩飾、象牙與琺瑯。

圖 7　聖索菲亞大教堂南廊馬賽克禱告圖中的基督，創作時間可能在 1261 拜占庭奪回君士坦丁堡後不久。（Heritage Images/Glowimages.com）

在古典時代晚期的城市裡，放眼望去都是地方權貴、皇帝與其他人物真人尺寸或更大的雕像。到了中世紀的拜占庭，建造這種雕像的傳統好像消失了。不過，據說安德羅尼卡一世（Andronicus, 1183–5）確實有意打造一尊自己的青銅雕像，顯示雕像藝術在科穆寧王朝似乎有復興跡象。

正如第二章討論過，依然裝飾著君士坦丁堡的眾多古代雕像，帶給百姓的是害怕與驚恐：那是陌生時代的產物，具有魔法與預測的力量，是魔鬼的住所。就連有文化素養、有學識的人都抱持這樣的看法，這點從八世紀時介紹君士坦丁堡重要建築的精彩書籍《歷史簡記》（*Parastaseis Syntomoi Chronikai*）就能看得出來：作者在書中以超自然觀點看待周遭的雕像。正如專研拜占庭文明的英國知名學者西里爾．曼戈（Cyril Mango, 1928–2021）所說，中世紀拜占庭用來指稱這些雕像的標準希臘單字是 stoicheion，充分透露一般人對雕像的觀感。因為 stoicheion 這個字在現代希臘語的意思是鬼魂，或「依附在某個特定地點的靈體」。

自由思想家

古代文學與哲學文本得以保存與傳遞，並且有學者持續研究（即使某些時期人數不多），代表拜占庭對藝術、文化與宗教的看法從來不是一家之言，始終有敏感的心靈能夠隨自己的意願欣賞古老、典雅或特別的事物。

比方說，十三世紀初第四次十字軍東征的騎士在君士坦丁堡大肆破壞，摧毀許多古代雕像，當時的歷史學家尼西塔斯看得無比震驚，斥罵那些人「憎恨美的事物」。在尼西塔斯眼中，這些雕像並不可怕，相反地，它們都是藝術創作，一旦被毀，人們應該感到哀傷。他如此描述教會抨擊的史芬克斯雕像：「前半身像美貌的女子，後半身像恐怖的野獸，以全新姿勢用腿足行走，敏捷地展翅飛翔，不輸擁有雙翼的巨鳥。」

同樣在十三世紀，在尼西亞統治拜占庭「帝國」的狄奧多爾二世（Theodore II Lascaris）描寫帕加馬城（Pergamum）的古代建築，語氣充滿對古文物的崇敬。當時拉丁人占領君士坦丁堡，帝國偏安小亞細亞西部，保有獨立政權。他說，那裡的古代劇場周遭的高塔，「不是當代人的手建造得出來的，也不是當代人的心靈創造得出來的。光是見到它們，內心就飽受震撼……逝者所造之物，比生者所造之物更美麗。」

在整個拜占庭歷史中，這種思想自主性難免為教會帶來麻煩。比方說，在六、七世紀，向已故聖徒禱告的慣例受到挑戰。反對者引用亞里斯多德的論點，主張肉體與靈魂相互依存，其中一個消失後，另一個也不可能存在。

而在十一世紀，有諾曼人血統的哲學家約翰．伊塔魯斯（John Italus）是拜占庭最偉大學者米海爾．普塞洛斯的學生，他被禁止教學，監禁在修道院，只因他用哲學辯證法談基督論，用異教學說（比如有關世界的永恆）談宇宙論，還宣揚柏拉圖學派的觀念，比如靈魂的輪迴。不得不說，伊塔魯斯有不少支持者都是神職人員，他的審判就是一場暗藏政治動機的表演。然而，他被指控的理由卻頗有深意。

拜占庭與中世紀同步邁向終點時，新柏拉圖學派學者喬治・格米斯托斯（George Gemistos，後改名卜列東〔Plethon〕）[15]雖然曾經參與帝國與教宗之間的神學協商，卻在晚年提倡敬拜以宙斯為主神的新形式希臘萬神廟。卜列東揚棄他出生就信仰的宗教，這驚人之舉顯示，基督教與希臘文化之間的緊繃關係始終沒有徹底消除。卜列東覺得必須二選一，他跟四世紀的皇帝朱里安一樣，選擇了希臘文化。

15 喬治・格米斯托斯（約1360–1452），一般稱他為格米斯托斯・卜列東，是拜占庭晚期的知名學者，也是西歐復興希臘學術的先驅。

第七章

帝國的滅亡

羅馬人、法蘭克人、希臘人與突厥人

一二〇四年拉丁人洗劫君士坦丁堡，對拜占庭是個毀滅性的打擊，帝國從此積弱不振。有關君士坦丁堡陷落的各種驚悚描述在東方與西方流傳，比如修女遭強暴，聖像被摧毀，教堂遭搜刮等。倖存的藝術品、雕像和聖物都被奪走或售賣，最後變成義大利各城市的裝飾品，其中最知名的是曾為拜占庭殖民地的威尼斯，以及西方基督教世界其他地區的修道院與主教座堂。

不難理解，一二〇四年的事件讓許多西方人良心不安，於是迂迴地編造出許多神學與神意的藉口，為十字軍與拉丁神職人員釀成的「聖劫」（holy thefts）開脫。同樣不難理解的是，很多東方評論家也對西方人產生十足的敵意，漸漸將拉丁人與法蘭克人視為有別於拜占庭人的「外人」，尤其是在宗教認同方面。

自從羅馬城脫離羅馬帝國的直接管轄，拜占庭與羅馬的主教或教宗之間的關係偶爾會趨於緊繃。尤其從八、九世紀起，西方教會（以教宗為領袖）和拜占庭教會（以君士坦丁堡牧首為領袖）在常規與慣例上逐漸分道揚鑣。

十一世紀羅馬教廷取得自治權，這種緊繃關係更趨惡化，導致東西教會在一〇五四年短暫「分裂」[1]。不過，在必要的情況下，教宗、皇帝與牧首還是能夠攜手合作，第一次十字軍東征的起因就是一例。只是，一二〇四年之後，這種合作幾乎不可能。常規上的差異漸漸演變成神學上的歧見，尤其是拉丁文信經在文字上的增添。由於拜占庭依然無力抵抗西方的攻擊，也需要拉丁人協助對抗突厥人，因此，像米海爾八世（Michael VIII Palaiologus, 1261–82）這類務實的皇帝會設法接納羅馬天主教，試圖促成教會的統一。只是，帝國的教會卻越來越不配合。主動向教宗示好的行為被解讀為不敬神，正教（這個名稱隱含對羅馬的敵意）與拜占庭漸漸合而為一。

在此同時，拉丁人占領君士坦丁堡，使得某些拜占庭知識分子重新思考自己

1 這是基督教第一次分裂，正式分出東方的希臘正教與西方的羅馬天主教兩大宗。

身分的希臘面向。前面討論過，拜占庭人向來自認是羅馬人，正如他們東方的鄰居也都這麼認為。然而，從八世紀起，這種羅馬身分認同受到西方人（比如加洛林王朝與奧托王朝的君主）的挑戰，因為那些人也想以古羅馬後裔自居，於是稱拜占庭人為希臘人。

對於拜占庭人本身，「希臘人」這個詞傳統上指涉的與其說是種族，不如說是宗教信仰，意思相當於異教徒。不過，一二〇四年之後，拜占庭知識分子開始接受外界投射在他們身上的希臘身分，以此對抗拉丁人的侵略與統治。於是「羅馬正教」這個名稱慢慢退場，「希臘正教」取而代之。

在政治上，君士坦丁堡被十字軍掌控，也造成了分裂，因為征服者指派了自己的皇帝（法蘭德斯的鮑德溫）和自己的拉丁牧首。西方人將統治範圍擴大，納入塞薩洛尼卡與周遭領土，比如希臘北部與馬其頓，以及希臘南部與伯羅奔尼撒，拉丁傭兵在這些地方割據自己的封邑。只是，塞普勒斯、塞爾維亞和保加利亞已經脫離他們的掌控，而在黑海沿岸的特拉比松、小亞細亞西部的尼西亞和希臘中部與西北部的伊庇魯斯（Epirus），也出現不少希臘語族群正教勢力，都自稱繼承新羅馬君士坦丁堡皇帝的衣缽。

這些拜占庭「流亡政府」為了權位你爭我奪，即使到了一二六一年偏安尼西亞的米海爾八世將拉丁人趕出君士坦丁堡，大致恢復帝國舊貌，他們也始終不曾徹底整合成統一的拜占庭政權（拉丁人統治之初，就在一二〇七年敗給保加爾人，政權風雨飄搖）。於是，特拉比松的帝國（由科穆寧王朝的後代統治）在絲路西端最重要的貨物集散地占據越來越富裕的地區。而伊庇魯斯的帝國一直獨立存在，到了十四世紀被塞爾維亞人消滅。還有希臘南部和塞普勒斯，已經融入當地的拉丁政權依然屹立，他們的統治者跟當地希臘語族群權貴（亦即所謂的執政官〔archontes〕）漸漸相互依賴，合力剝削農民。

這段期間，君士坦丁堡一直是商業與國際貿易的重鎮，只是，這些交易的收益大多落入外國商人和拜占庭貴族的口袋，而這些貴族也漸漸將存款轉移到他們在義大利的銀行帳戶。相較之下，拜占庭領土上政權分裂，代表帝國日漸窮困，因此比過去更仰賴離間敵人來確保政權的存續。

比方說，在一二八二年一場名為「西西里晚禱」（Sicilian Vespers）的起義事件中，拜占庭當局策動當地人暴動，又鼓吹亞拉岡人（Aragonese）入侵，只為防止安茹的查理（Charles of Anjou）起兵奪回西西里。安茹的查理是法蘭西國王路易九世（Louis IX）的弟弟，而路易九世認同君士坦丁堡的拉丁帝國。正如法語版的《摩里亞編年史》（*Chronicle of Morea*）[2] 所說，如今拜占庭人以「欺騙與奸詐」對抗法蘭克人。

在一三四三年一場內戰中，拜占庭王冠的寶石被抵押給威尼斯（威尼斯仍是帝國商業的主力），透露帝國財庫已經枯竭。另外，一三五四年與一三六六年之間的某個時間點，帝國停止鑄造金幣，終結了這個始於君士坦丁大帝的傳統。

然而，帝國的文化領域卻是欣欣向榮。拜占庭人重新重視自己身分中的希臘面向之後，知識分子也真正重視傳統的文學與哲學經典，叛逆又出色的卜列東就是一例。有史以來第一次，許多拉丁著作被翻譯成希臘文，從古羅馬最偉大的哲學家西塞羅（Cicero）到當時的思想家托馬斯．阿奎那（Thomas Aquinas）都有。

到了拜占庭帝國末代王朝巴列奧略王朝期間，拜占庭宗教藝術既有深奧的神祕感（靈感來自當代神學趨勢），又前所未有地強調敘事場景，可說達到創造力顛峰。科拉修道院（Chora）的教堂現存的壁畫與馬賽克工藝（見圖8），正是拜占庭晚期藝術水準的鮮明例證，跟當時的義大利宗教藝術並駕齊驅。科拉修道院由十四世紀的政治家兼學者西奧多．梅托奇斯（Theodore Metochites）創建，如今是伊斯坦堡的卡里耶博物館（Kariye Museum）。

帝國政治版圖以外的地區持續模仿或複製拜占庭藝術，顯示帝國的文化聲望歷久不衰。其中最明顯的是巴爾幹半島與後來的俄羅斯，比如知名聖像畫家希臘人塞奧法尼斯（Theophanes the Greek），他在俄羅斯的諾夫哥羅德（Novgorod）

2　十四世紀的歷史著作，作者不明，記載十三世紀法蘭克人在希臘建立封建政體的經過。

圖 8　馬賽克圖像，描繪西奧多·梅托奇斯將他的修道院獻給基督（14 世紀）。伊斯坦堡卡里耶博物館。（Kariye Museum, Istanbul. Superstock/ Glowimages.com）

與莫斯科十分活躍，讓拜占庭文化展現高度的靈性。

只是，就像過去常見的狀況，最終決定帝國命運的，是拜占庭東方邊境的權力重組。尼西亞的拜占庭政權之所以能先克制後消滅君士坦丁堡的拉丁政權，主要是因為塞爾柱突厥人本質上相對不好戰，不難與他們維持一定程度的和平關係。正如早先阿拔斯王朝的式微，十三世紀塞爾柱突厥勢力日漸衰退，因為領導吉哈德積極對抗「羅馬的基督徒」（套用突厥人的稱呼）的權力慢慢移轉，改由信仰虔誠的突厥邊境領主接替，阿拉伯語稱這些領主為「加齊」（ghazi），意為「伊斯蘭教捍衛者」。

一二四三年，塞爾柱突厥人被另一支遊牧部族蒙古人（Mongol）打敗，各地「加齊」的自主權大幅成長。當時蒙古帝國迅速擴張，不只吞併了波斯，也入主東方的中國。蒙古在波斯建立伊兒汗國（Ilkhan），塞爾柱王朝淪為附庸，氣數已盡。

「羅馬的昔日輝煌今何如？」

塞爾柱衰落後留下了權力真空，邊境那些野心勃勃、越來越激進的加齊積極卡位。這些加齊總能從周邊的基督教國度掠奪戰利品與奴隸，迅速累積追隨者與威望，尤其是占據安那托利亞西北部的奧斯曼（Osman）[3]，以及他的繼位者奧爾汗（Orhan，約 1324–62）與穆拉德一世（Murad I, 1362–89）。奧斯曼王朝快速向西方擴張，進犯已經復國的拜占庭帝國，也打擊南方與東方的突厥人。

最重要的是，一三五四年這些鄂圖曼突厥人的勢力擴展到歐洲，先是占領加里波利半島（Gallipoli），而後控制巴爾幹半島的馬其頓和保加利亞。在一三八九年一場決定性戰役中，塞爾維亞大公拉札爾（Lazar）在科索沃（Kosovo）兵敗，預示基督教勢力快速衰退，也為穆斯林突厥人在巴爾幹地區大規模定居開了方便門，相對地，這些人也提供了占領土地所需的兵力。一三九六年突厥人又在尼科波利斯（Nicopolis）擊敗奉命來阻擋他們的大批十字軍。之後蘇丹巴耶濟德一世（Bayezid I, 1389–1402）繼續攻進匈牙利，將勢力拓展到多瑙河以南。拜占庭勢力被趕出小亞細亞後，帝國已經四面楚歌。

從君士坦丁堡的角度來看，帝國處境危殆。自從第四次十字軍東征開始，帝國統治階層就清楚意識到，他們的帝國未必永垂不朽，反倒跟其他帝國一樣，不只會衰敗，還會滅亡。確實如此，十四世紀初的政治家兼學者西奧多．梅托奇斯就坦言這點。

只是，如今滅亡似乎迫在眉睫。巴列奧略王朝的曼紐爾二世前往西方尋求助力，顯示情勢有多危急。他在巴黎受到索邦大學（Sorbonne）教授們的熱情款待，下榻羅浮宮。一四〇〇年耶誕節他跟英格蘭王亨利四世（Henry IV）在埃爾特姆宮（Eltham）一起用餐。亨利的廷臣烏斯克的亞當（Adam of Usk）如此描寫這場宴會：「我不禁想到，這位基督教世界的偉大帝王何其悲慘，竟被撒拉森

3 奧斯曼（約 1258–1324），鄂圖曼帝國的創建者，帝國的名稱（Ottoman）就是取自他名字。

人從東端逼到西端的島嶼……神啊，羅馬的昔日輝煌今何如？」

曼紐爾二世雖然受到盛情招待，卻沒有爭取到多少實質幫助。拜占庭在宗教上無法跟羅馬統一，就不可能得到來自西方具體的軍事協助。然而，第四次十字軍東征的陰影仍在，拜占庭教會大多數宗教領袖都不可能接受這樣的統一。何況他們已經知道，不管君士坦丁堡的王座上有沒有皇帝，真正的宗教都會繼續存在。因此，當曼紐爾二世的繼任者約翰八世（John VIII, 1425–48）在一四三九年佛羅倫斯大公會議（Council of Florence）上應允西方的要求，承認教宗至高無上的地位，東方教會的主教斷然拒絕這項協議。他在神學上的屈服也遭到信奉正教的俄羅斯統治者譴責。這些俄羅斯統治者日後將會宣稱，他們才是君士坦丁真正的繼承人，他們的首都莫斯科是「第三羅馬」。

十五世紀初，拜占庭的壓力確實略見緩和。一四〇二年，鄂圖曼帝國在安卡拉之役（Battle of Ankara）敗給蒙古人。這次逆轉引發長時間的內戰，巴耶濟德的兒子們爭奪王位，最後穆罕默德一世（Mehmed I, 1413–21）取得勝利，迅速掌控鄂圖曼帝國，繼續向外擴張。

拜占庭當局利用鄂圖曼王位與朝廷的紛爭（主要是支持落敗的一方），再次不顧一切地想靠協商找活路，甚至承認鄂圖曼封建君主的地位。只是，如今已經沒有夠強大的勢力可以拉攏來跟突厥人抗衡。因此，突厥人團結一致攻下君士坦丁堡只是時間問題。在此之前君士坦丁堡的城牆始終堅不可摧（一二〇四年的十字軍是突破海上防線攻陷君士坦丁堡），在火藥與大炮問世後，卻顯得越來越脆弱。

帝王的宮殿

對於拜占庭，終點隨著一個急於建立戰功的年輕親王奪得大位而來。一四五一年，十九歲的穆罕默德二世（1451–81）成為鄂圖曼的蘇丹，當時在位的拜占庭皇帝君士坦丁十一世（1449–53）曾經阻撓穆罕默德二世奪權，這成為穆罕默德二世出兵的理由。為了攻下君士坦丁堡，穆罕默德二世在博斯普魯斯海峽建造龐大的防禦工事，控制海上交通，逐步鉗制君士坦丁堡。到了一四五三年四月六日，城牆外的突厥軍隊全面出擊，海面上的攻勢也同步發動。

拜占庭帝國在加泰隆尼亞和義大利僱傭兵的協助下奮力抵抗，平民百姓和修女幫忙運送物資給城牆上的守軍。只是，突厥人的武力銳不可當。最初穆罕默德二世和他的將領派出非正規軍攻城，藉以消耗敵方的防禦力。等到這批想發戰爭財的散兵游勇（包括信仰基督教的希臘人和斯拉夫人）被擊退，安那托利亞突厥軍團和精英部隊才會上場。

最後，君士坦丁堡西北邊布拉赫奈宮附近的城牆被攻破：六二六年阿瓦爾人進犯時，聖母瑪利亞據說在這裡顯靈退敵。只是，如今不再有神的干預。當鄂圖曼軍隊蜂湧入城，向城內各地推進，君士坦丁十一世和他的隨從英勇地展開最後反撲，衝進混戰裡。根據史料記載，君士坦丁十一世的遺體始終沒有找到。有人

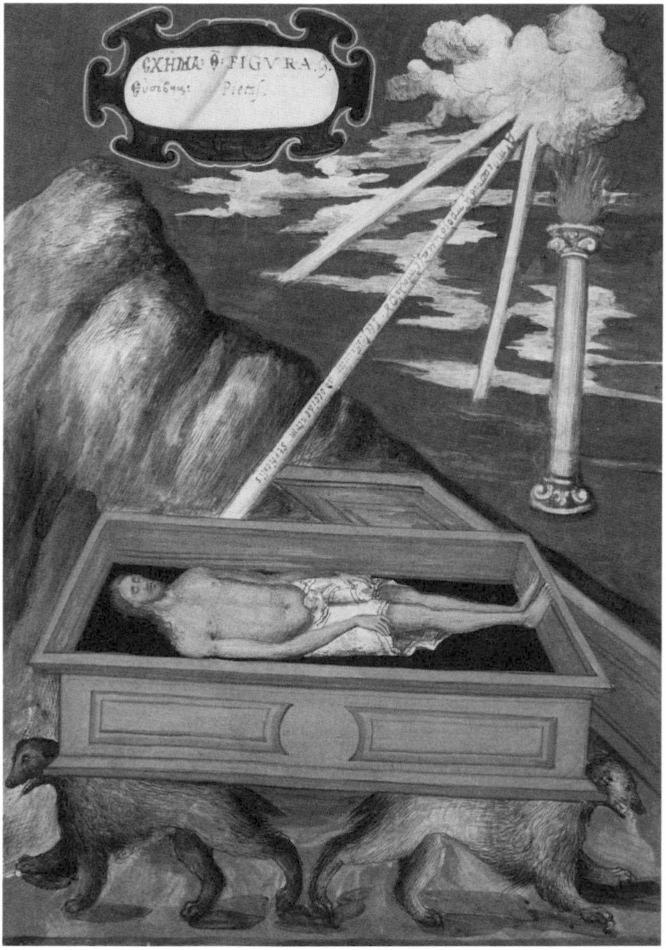

圖 9　16 世紀克里特希臘語版本的《智者利奧箴言》（*Oracles of Leo the Wise*）中的袖珍畫像，描述對君士坦丁十一世復活的期待。（The Bodleian Library, University of Oxford. MS Barocci 170 f14r）

宣稱他被天使帶走，天使將他變成大理石，藏在某個山洞裡，有一天他會回來解救他的百姓（見圖9）。

當鄂圖曼旗幟在君士坦丁堡上空飄揚，城內周邊某些族群的領袖正式向突厥人投降，比如西南邊聖約翰教堂周遭，或東北邊加拉達區（Galata）的拉丁商人。這些人的生命財產得以保全，他們的禮拜場所基本上也安然無損。至於其他地區，根據吉哈德的規則，全體士兵可以肆意洗劫三天，隨心所欲強姦、殺害或奴役當地居民。

所有的公共建築物都保留給蘇丹穆罕默德二世，如今他被尊稱為「征服者」（見圖10）。聖索菲亞大教堂在戰亂時是百姓尋求庇護的所在，如今突厥人大舉闖入。穆罕默德二世走了進去，宣布這座教堂自此變更為清真寺。他的宣禮員在佈道壇上宣達伊斯蘭信條時，穆罕默德二世走上已經剝除一切裝飾的聖壇，帶頭做禮拜。據說他為自己的勝利感謝阿拉之後，去了一趟毀損的大皇宮，輕聲念誦波斯詩人的詩句：「蜘蛛在帝王的宮殿編織帷幔；貓頭鷹在阿菲羅西亞

圖 10　征服者穆罕默德嗅聞玫瑰。見「皇宮畫輯」（Hazine 2153, folio 10a）。（Heritage Images/Glowimages.co）

（Afrasiab）[4]的塔樓報時。」

帝國的遠見

一四五三年君士坦丁堡陷落後不久，鄂圖曼帝國又拿下拜占庭帝國僅存的大多數領土。特拉比松一四六一年納入日益擴大的鄂圖曼版圖，一二〇四年起在那裡建立的科穆寧自治政權就此畫下句點。重要的是，不少龐特斯希臘人（Pontic Greeks）[5]重新在君士坦丁堡定居。此時的穆罕默德二世積極促進君士坦丁堡的經濟發展，他持續擴張的帝國日後也會定都在這裡。

穆罕默德二世和他的繼位者以君士坦丁堡為首都，或許不可避免地要善用拜占庭的政治與文化遺產。穆罕默德二世急於號召倖存的拜占庭貴族為他效力，只不過，他事先清除其中的領導階級。他的某些希臘裔大臣改信伊斯蘭教，用「巴西琉斯」這個古代帝王尊稱稱呼他。正教牧首制度恢復了，牧首擔任蘇丹的希臘正教子民的領袖，為他們承擔責任，教會因此成為未來幾個世紀希臘人存續的主要載體。

甚至，穆罕默德二世和他的後繼者決心名副其實地奠基在拜占庭統治者的成就上：帝國的權力中心托普卡匹皇宮（Topkapi）底下埋著拜占庭統治者的石棺，其中包括赫拉克留斯。赫拉克留斯的石棺原本安放在聖使徒教堂，教堂被拆除，在原址興建一座彰顯征服者穆罕默德功績的清真寺。

鄂圖曼的君士坦丁堡雖然從此成為穆斯林城市，卻仍然是眾多基督徒的家。舉例來說，正教牧首辦公處所周遭會聚集一群名為「法納爾人」（Phanariot）[6]的代理人與官員，這些人都是使用希臘語的精英分子，其中不少自稱是拜占庭人

4 為現今烏茲別克東南方的古城撒馬爾罕（Samarqand）最古老的城區。
5 希臘人的一支，最早定居在安那托利亞東北部的龐特斯區（Pontus）。
6 以牧首所在的法納爾區得名。

的後裔（大多不是真的）。直到十八世紀，他們仍然持續以第二次辯士運動時期的阿提卡希臘語著述。

當然，在一九二三年鄂圖曼帝國滅亡之前，君士坦丁堡一直是帝都，而使用希臘語的基督徒以及亞美尼亞人和猶太人仍然是城裡的重要族群。直到一九六〇年一場政變引發種族大屠殺，最後一個人數可觀的希臘群體才被驅逐。

事實上，拜占庭的偉大傳承之一，正是以君士坦丁堡為帝都這份遠見。十八、九世紀鄂圖曼帝國開始衰弱，比鄰的勢力羨慕地看著這座城市，奢望在那裡建立都城。特別是俄羅斯的沙皇，他們熱切期盼將君士坦丁堡變回基督教城市。比方說，第一次世界大戰期間，一名希臘裔俄國軍官甚至奉命帶著十字架，一旦俄國攻城順利，就將十字架安放在聖索菲亞大教堂頂端。

重建由君士坦丁堡統治的基督教帝國這個夢想，到一九二三年才真正幻滅。

當時建立不算太久的希臘王國（Kingdom of Greece）[7]（統治者也叫君士坦丁）野心太過，在仍然有許多希臘語族群居住的小亞細亞西部瘋狂攻城掠地，最後被「土耳其之父」凱末爾．阿塔圖克（Kemal Atatурk）打敗。阿塔圖克將希臘人趕走，宣布建立共和國，正式將君士坦丁堡改名伊斯坦堡（Istanbul），將新國家的首都遷到安卡拉（Ankara）。

當然，拜占庭也留下了文化遺產，部分藉由正教教會與它的禮拜儀式、藝術與音樂傳承下來。另外就是正教的學者與知識分子，早在一四五三年帝國陷落之前很久，這些人就已經移居義大利，傳授希臘學問。如果說啟蒙時代的哲學家終將鄙視拜占庭的文化與政治成就，那麼他們鄙視的是拜占庭古典文學研究者挑選的經典學識，以及他們辛苦保存並傳承的古希臘文本，而這些經典卻是啟蒙時代思想的根基。

7 指君主制時期的希臘，存在時間是一八三二年到一九七三年。

如今啟蒙時代確立的觀念受到質疑，我們或許更有立場欣賞這個存在千餘年的文明的豐富與紛呈。正如我們在葉慈的詩[8]裡讀到的，或在現代作曲家約翰・塔弗納（John Taverner）[9]的音樂裡感受到的，這個文明在消失許久之後，依然能帶給人們感動與啟發。

8 葉慈有兩首詩描寫拜占庭，分別是〈拜占庭〉（Byzantium）與〈航向拜占庭〉（Sailing to Byzantium）。

9 約翰・塔弗納（1944–2013），英國知名作曲家，一九七七年皈依正教，作曲風格深受正教神學與禮拜儀式影響。

參考文獻

第一章　何謂拜占庭？

關於文藝復興到啟蒙時代對拜占庭的觀感，見 G. Ostrogorsky *History of the Byzantine State* (Oxford, 1968) 第一章。

關於狄米斯提厄斯，見 *Politics, Philosophy and Empire in the Fourth Century: Themistius' Select Orations*, tr. P. Heather and D. Moncur (Liverpool, 2001)。

奧勒留・維克多的引文出自 *Liber de Caesaribus*, tr. H. W. Bird (Liverpool, 1994)。

關於查爾斯・威廉斯見 *The Arthurian Poems of Charles Williams* (Cambridge, 1982)。

關於葉慈，見 R. Nelson 'The Byzantine Poems of W. B. Yeats' in his *Hagia Sophia 1850–1950: Holy Wisdom Modern Monument* (Chicago, 2004)

查爾斯・威廉斯的卷首詩摘自 *Taliessin through Logres*，感謝 David Higham Associates 慷慨授權。

第二章　統治之城君士坦丁堡

阿米亞努斯・馬塞利努斯：*Res Gestae*, tr. J. C. Role (Cambridge, MA, 1935)。

A. Berger *Accounts of Medieval Constantinople: The Patria* (Cambridge, MA, 2013).

關於《市政官手冊》，見 *Roman Law in the Later Roman Empire*, tr. E. H. Freshfield (Cambridge, 1938)，或 J. Koder *Das Eparchenbuch Leons des Weisen* (Vienna, 1991)。

君士坦丁七世：*The Book of Ceremonies*, tr. A. Moffatt and M. Tall (Canberra, 2012)。

P. Magdalino *Studies in the History and Topography of Byzantine Constantinople* (Aldershot, 2007).

關於威猛的熊、弄臣等，見 E. Maguire and H. Maguire *Other Icons: Art and Power in Byzantine Secular Culture* (Princeton, 2006)。

普洛柯庇斯《祕史》, tr. G. Williamson and P. Sarris(New York and London, 2007)。

普洛柯庇斯 *History of the Wars, Secret History, Buildings*, tr. H. B. Dewing and G. Downey (Cambridge, MA, 1914–40)。

關於雕像，見 S. Bassett *The Urban Image of Late Antique Constantinople*

(Cambridge, 2004)。

第三章　從古典時代到中世紀

Acts of the Council of Constantinople of 553, tr. R. Price(Liverpool, 2009)。

關於伊斯蘭被評為「本土主義反動」，見P. Crone and M. Cook *Hagarism and the Making of the Islamic World* (Cambridge, 1977)。

第四章　拜占庭與伊斯蘭

《第傑尼斯・阿克里塔斯》：*Digenis Akritis: The Grottaferrata and Escorial*

Versions, tr. E. Jeffreys (Cambridge, 2006)

關於曼紐爾二世，見 *Manuel II Palaiologos: Dialoge mit einem Muslim*, tr. K. Fürstel (Würzburg, 1995)。

E. McGeer *Sowing the Dragon's Teeth: Byzantine Warfare in the Tenth Century* (Washington, DC, 1995).

第五章　生存策略

關於「拜占庭聯邦」概念，見 D. Obolensky *The Byzantine Commonwealth* (London, 1971)。

關於「封建革命」概念，見 M. Whittow 'The Middle Byzantine Economy

(600–1204)' in J. Shepard (ed.) *The Cambridge History of the Byzantine Empire* (Cambridge, 2008), and P. Sarris 'Large Estates and the Peasantry in Byzantium', *Revue Belge de Philologie et d'Histoire 90* (2012)。

The Complete Works of Liudprand of Cremona tr. P. Squatriti (Washington, DC, 2007).

君士坦丁七世：*De Adminstrando Imperio*, tr. R. J. H. Jenkins (Washington, DC, 1967).

Anna Komnene *The Alexiad* tr. E. R. A Sewter and P. Frankopan (London and New York, 2009).

The Strategikon of the Emperor Maurice tr. G. T. Dennis (Philadelphia, 1984).

第六章　文本、圖像、空間與精神

阿加西亞斯：*Histories* tr. J. D. Frendo (Berlin, 1975)。

亞他那修：*The Life of Antony and the Letter to Marcellinus* tr. R. C. Gregg (Mahwah, 1979)。

A. Cameron and J. Herrin *Constantinople in the Early Eighth Century: The Parastaseis Syntomoi Chronikai* (Leiden, 1984).

The Chronicle of John Malalas, tr. E. Jeffreys, M. Jeffreys, and R. Scott(Melbourne, 1986).

關於教堂與視覺藝術，見 E. Maguire and H. Maguire *Other Icons: Art and Power in Byzantine Secular Culture* (Princeton, 2006)。

關於科斯馬斯，見 *La Topographie Chrétienne de Cosmas Indicopleuste*, tr. W. Wolska-Conus (Paris, 1968–73)。

關於「哈哈鏡」，見 C. Mango 'Byzantine Literature as Distorting Mirror' in M. Mullett (ed.) *Byzantium and the Classical Tradition* (Birmingham, 1981)。

關於凱考梅諾斯的圖書館，見 C. Mango *Byzantium: The Empire of New Rome* (London, 1983)，第六及十三章。

O City of Byzantium! Annals of Niketas Choniates tr. H. J. Magoulias (Michigan, 1984).

佛西約《書目》, tr. N. Wilson (London, 1994)。

普洛柯庇斯《祕史》, tr. G. A. Williamson and P. Sarris (London, 2007)，包括他其他著作的探討。

關於雕像引起的反應，見 E. Maguire and H. Maguire *Other Icons: Art and Power in Byzantine Secular Culture* (Princeton, 2006), and C. Mango 'Antique Statuary and the Byzantine Beholder', *Dumbarton Oaks Papers 17* (1963)。

關於羅曼諾斯與拜占庭詩歌的發展，C. A. Trypanis *The Penguin Book of Greek Verse* (New York and London, 1971)。

塞奧菲拉克・西摩卡塔《歷史》, tr. M. and M. Whitby (Oxford, 1985)。

St Basil on the Value of Greek Literature ed. N. Wilson (London, 1975).

The Works of the Emperor Julian tr. W. C. Wright (Cambridge, MA, 1913).

第七章　帝國的滅亡

關於拜占庭對約翰．塔弗納的音樂的影響，可欣賞他的 *Two Hymns to the Mother of God* (1985)。

關於造訪西方的曼紐爾二世與君士坦丁堡的穆罕默德二世，見 S. Runciman *The Fall of Constantinople 1453* (Cambridge, 1965)。

延伸閱讀

總論

- M. Angold *Byzantium: The Bridge from Antiquity to the Middle Ages* (2001).
- A. Cameron *Byzantine Matters* (Princeton, 2014).
- A. Cameron *The Byzantines* (New York, 2009).
- C. Mango *Byzantium: The Empire of New Rome* (London, 1983).
- C. Mango *The Oxford History of Byzantium* (Oxford, 2002).
- J. Shepard (ed.) *The Cambridge History of the Byzantine Empire c.500–1492* (Cambridge, 2008).

第一章　何謂拜占庭?

- J. Bardill *Constantine: Divine Emperor of the Christian Golden Age* (Cambridge, 2012).
- T. D. Barnes *Constantine: Dynasty, Religion and Power in the Later Roman Empire* (New York, 2010).
- P. Brown *The World of Late Antiquity* (London, 1971).

- P. Stephenson *Constantine: Unconquered Emperor, Christian Victor* (London, 2009).

第二章　統治之城君士坦丁堡

- S. Bassett *The Urban Image of Late Antique Constantinople* (Cambridge, 2004).
- J. Harris *Constantinople: Capital of Byzantium* (London, 2007).
- P. Magdalino *Studies in the History and Topography of Byzantine Constantinople* (Aldershot, 2007).
- C. Mango *Byzantine Architecture* (London, 1986).
- C. Mango *Le développement urbain de Constantinople* (Paris, 1985).

第三章　從古典時代到中世紀

- A. Cameron *The Mediterranean World in Late Antiquity, c.395–700* (London, 2011).
- G. Dagron *Emperor and Priest: The Imperial Office in Byzantium* (Cambridge, 2003).

- J. Haldon *Byzantium in the Seventh Century: The Transformation of a Culture* (Cambridge, 1993).
- J. Howard-Johnston *Witnesses to a World Crisis* (Oxford, 2010).
- P. Sarris *Empires of Faith: The Fall of Rome to the Rise of Islam* (Oxford, 2011).

第四章　拜占庭與伊斯蘭

- L. Brubaker and J. Haldon *Byzantium in the Iconoclast Era, c.680–850, A History* (Cambridge, 2010).
- R. Hoyland *Seeing Islam As Others Saw It* (Princeton, 1997).
- C. Robinson (ed.) *The New Cambridge History of Islam, Volume One: The Formation of the Islamic World, Sixth to Eleventh Centuries* (Cambridge, 2011).
- I. Shahid *Byzantium and the Arabs in the Fifth Century* (Washington, DC, 1989).

第五章　生存策略

- M. Angold *The Byzantine Empire 1025–1204* (London, 1984).
- P. Frankopan *The First Crusade: The Call From the East* (London, 2012).
- C. Holmes *Basil II and the Governance of Empire* (Oxford, 2005).
- P. Magdalino *The Empire of Manuel I Komnenos, 1143–1190* (Cambridge, 1991).
- D. Obolensky *The Byzantine Commonwealth* (London, 1971).
- J. Shepard and S. Franklin *Byzantine Diplomacy* (Aldershot, 1992).
- P. Stephenson *Byzantium's Balkan Frontier: A Political Study of the Northern Balkans 900–1204* (Cambridge, 2006).
- M. Whittow *The Making of Orthodox Byzantium* (London, 1996).

第六章　文本、圖像、空間與精神

- J. Baun *Tales From Another Byzantium: Celestial Journey and Local Community in the Medieval Greek Apocrypha* (Cambridge, 2007).

- R. Cormack *Byzantine Art* (Oxford, 2000).
- A. Kaldellis *Hellenism in Byzantium* (Cambridge, 2007).
- P. Lemerle *Byzantine Humanism* (Canberra, 1987).
- R. Macrides (ed.) *History as Literature in Byzantium* (Aldershot, 2010).
- E. Maguire and H. Maguire *Other Icons: Art and Power in Byzantine Secular Culture* (Princeton, 2006).
- C. Mango *The Art of the Byzantine Empire 312–1453* (Toronto, 1986).
- C. Mango *Byzantine Architecture* (Milan, 1986).
- C. Mango *Byzantium: The Empire of New Rome* (Oxford, 1983).

第七章　帝國的滅亡

- A. T. Aftonomos *The Stream of Time Irresistible: Byzantine Civilisation in the Modern Popular Imagination* (Montreal, 2005).
- D. Angelov *Imperial Ideology and Political Thought in Byzantium 1204–1430* (Cambridge,

2009).

- M. Angold *A Byzantine Government in Exile: Government and Society Under the Laskarids of Nicaea 1204–61* (Oxford, 1975).
- M. Angold *The Fall of Constantinople to the Ottomans* (London, 2012).
- J. Harris *The End of Byzantium* (New Haven, 2010).
- J. Harris, C. Holmes, and E. Russell (eds) *Byzantines, Latins and Turks in the Eastern Mediterranean World After 1150* (Oxford, 2012).
- H. Inalcik *The Ottoman Empire: The Classical Age 1300–1600* (London, 1973).
- P. Mansel *Constantinople: City of the World's Desire, 1453–1924* (London, 1995).
- G. Page *Being Byzantine: Greek Identity before the Ottomans* (Cambridge, 2008).
- S. Runciman *Byzantine Style and Civilization* (Cambridge, 1975).
- S. Runciman *The Fall of Constantinople 1453* (Cambridge, 1965).
- T. Shawcross *The Chronicle of Morea: Historiography in Crusader Greece* (Oxford, 2009).
- K. Ware *The Orthodox Way* (Mowbray, 1979).

拜占庭：複雜迷人的基督教千年帝國
Byzantium: A Very Short Introduction

作　　者　彼得・薩里斯 Peter Sarris
譯　　者　陳錦慧
責任編輯　王辰元
封面設計　萬勝安
內頁排版　藍天圖物宣字社
發 行 人　蘇拾平
總 編 輯　蘇拾平
副總編輯　王辰元
資深主編　夏于翔
主　　編　李明瑾
行銷企劃　廖倚萱
業務發行　王綬晨、邱紹溢、劉文雅
出　　版　日出出版
地址：新北市 231 新店區北新路三段 207-3 號 5 樓
電話（02）8913-1005　傳真：（02）8913-1056
發　　行　大雁出版基地
地址：新北市 231 新店區北新路三段 207-3 號 5 樓
24 小時傳真服務（02）8913-1056
Email：andbooks@andbooks.com.tw
劃撥帳號：19983379　戶名：大雁文化事業股份有限公司
初版一刷　2024 年 1 月
定　　價　450 元

ISBN　978-626-7382-73-8

國家圖書館出版品預行編目(CIP)資料

拜占庭：複雜迷人的基督教千年帝國 / 彼得・薩里斯（Peter Sarris）著；陳錦慧譯 . -- 初版 . -- 新北市：日出出版：大雁出版基地發行 , 2024.01
面；　公分
譯自：Byzantium : a very short introduction
ISBN 978-626-7382-73-8（平裝）

1. 拜占廷帝國 2. 歷史

740.229　　112022711